定期テスト ズバリよくでる　英語

JN125631

もくじ

取り外してお使いください　赤シート＋直前チェックBOOK,別冊解答

※全国の定期テストの標準的な出題範囲を示しています。学校の学習進度とあわない場合は、「あなたの学校の出題範囲」欄に出題範囲を書きこんでお使いください。

| Step 1 | 基本チェック | Unit 1 What is a Hero? ~Let's Talk 1 | 5分 |

■ 赤シートを使って答えよう！

❶ [There is [are] ~.]

解答欄

☐ ❶ There [[is] / are] a cat on the chair.　　　　　❶ _____

☐ ❷ There [is / [are]] some books in my bag.　　　　❷ _____

☐ ❸ [[Is] / Are] there a bag under the table?　　　　❸ _____

❷ [接続詞when]

☐ ❶ 彼女が私の家に来たとき，私は朝食を食べていました。　❶ _____

[When] she [came] to my house, I was having breakfast.

☐ ❷ 戦争が始まったとき，その少年は５歳でした。　　　❷ _____

The boy [was] five [when] the war started.

❸ [過去進行形]

☐ ❶ Emi [is / [was]] taking a bath at that time.　　　❶ _____

☐ ❷ They were [cooked / [cooking]] breakfast.　　　　❷ _____

☐ ❸ Mr Brown [didn't / [wasn't]] reading a book.　　　❸ _____

POINT

❶ [There is [are] ~.] 「~があります」

①肯定文〈There is [are] ~[場所].〉

・There is [There's] a big park in this town.　[この町には大きい公園があります。]

②疑問文〈Is [Are] there ~[場所].〉

・Is there a big park in this town?　[この町には大きな公園がありますか。]

❷ [接続詞when]〈when＋主語＋動詞 ~〉「~（する）とき」

・When I was a child, I used this bike.　[私は子どものとき，この自転車を使いました。]
　└When ~が前の場合，コンマ(,)を入れる。

・I used this bike when I was a child.　[私は子どものとき，この自転車を使いました。]
　　　　　　　　└when が後ろに来る場合はコンマは不要。

❸ [過去進行形]〈be動詞の過去形[was, were]＋動詞の-ing形〉「~していました」

・I was watching TV.　[私はテレビを見ていました。]

ズバリよくでる 直前

チェック
BOOK

- テストに**ズバリよくでる!**
- **重要単語・重要文**を掲載!

英語

啓林館版
2年

赤シートで
何度でも!

教 pp.7〜18

✓ 重要語 チェック 英単語を覚えましょう。

[Unit 1]

□キャラクター，登場人物	名character
□丸い	形round
□ポスター	名poster
□植物	名plant
□(小型の)敷物，ラグ	名rug
□ユニークな，独自の	形unique
□おなかのすいた	形hungry
□(〜に)…を与える，伝える	動give
□部分	名part
□悲しい	形sad
□(人が)泣く，(動物が)鳴く	動cry
□ニュース，知らせ	名news
□〔疑問文などで〕何か	代anything
□怒った	形angry
□主語が3人称・単数のときのhaveの形	動has
□〜をつかまえる，(病気)にかかる	動catch
□頭痛	名headache
□芸術家	名artist
□作家	名writer
□〔writeの過去形〕	動wrote
□地震	名earthquake
□歌	名song
□時間	名hour

□〜前に	副ago
□夜	名night
□本当の	形true
□だれか	代someone
□物語	名story
□もともとは	副originally
□大人	名adult
□〜を書き直す	動rewrite
□〔rewriteの過去形〕	名rewrote
□子ども	名child
□〔childの複数形〕	名children
□戦う	動fight
□〜と(対戦して)	前against
□町	名town
□〜を破壊する	動destroy
□道路	名road
□建物	名building
□いつも	副always
□〜と言う	動say
□〔sayの過去形・過去分詞形〕	動said
□〜を犠牲にする	動sacrifice
□彼自身を[に]	代himself
□完璧な	形perfect

[Let's Talk 1]

□前面，正面	名front
□となりに	形next

☑ 重要文 チェック 日本語を見て英文が言えるようになりましょう。

[Unit 1]

□ たくさんの絵本があなたの部屋にあります。

There are many picture books in your room.

□ あなたの部屋にたくさんの絵本がありますか。
　── はい，あります。
　／いいえ，ありません。

Are there many picture books in your room?
── Yes, there are.
/ No, there are not.

□ かべに写真があります。

There is a picture on the wall.

□ 窓のそばに椅子があります。

There is a chair by the window.

□ 彼は怒りました。

He got angry.

□ 彼はお腹が減った人を見つけると，彼は彼の顔の一部をあげます。

When he finds hungry people, he gives a part of his face.
[He gives a part of his face when he finds hungry people.]

□ サキは困っているとき，友だちと話します。

When Saki is in trouble, she talks to her friend.[She talks to her friend when Saki is in trouble.]

□ その歌は東北の人たちを元気づけました。

The song cheered up people in Tohoku.

□ 彼らは歌を歌っていました。

They were singing the song.

□ 彼らは怪物と戦います。

They fight against monsters.

□ 彼は完ぺきなヒーローではなく，彼は本当のヒーローです。

He is not a perfect hero, but he is a true hero.

[Let's Talk 1]

□ 私はそのレストランの前にいます。

I'm in front of the restaurant.

□ それは郵便局のとなりにあります。

It's next to the post office.

□ それは本屋の後ろにあります。

It's behind the bookstore.

□ それは銀行と花屋の間にあります。

It's between Bank and Flower shop.

✓ 重要語 チェック 英単語を覚えましょう。

[Unit 2]

□旅行する 動travel
□海外へ[て] 副overseas
□場所 名place
□ながめ，景色 名view
□今夜(は) 副tonight
□雨，雨が降る 名動rain
□～でしょう，～する 助will
　つもりである
□晴れた 形sunny
□すぐに 副soon
□カメラ 名camera
□明日(は) 副tomorrow
□くもった 形cloudy
□輝く 動shine
□最良，最善 名best
□～に勝つ 動win
□試合 名match
□晴れた， 形動clear
　～をかたづける，
　きれいにする
□計画 名plan
□イルカ 名dolphin
□浜辺，ビーチ 名beach
□ドライブする 動drive
□観光 名sightseeing
□島 名island
□～しなければならない 助must
□～に従う 動follow

□地元の，現地の，地方の 形local
□規則，ルール 名rule
□公共の 形public
□パスポート 名passport
□注意 名care
□こみ合った 形crowded
□must notの短縮形 助mustn't
□室内の 形indoor
□村 名village
□(～を)学ぶ 動learn
□先住の 形native
□(～に)…を見せる，示す，教える 動show
□生活 名life
□有名な 形famous
□パーセント 名percent
□人口 名population
□～を尊重する 動respect
□言語 名language
□語，言葉 名word
□～を意味する 動mean
□服 名clothes

[Let's Talk 2]
□準備する，備える 動prepare
□～を詰める 動pack

4

☑ 重要文 チェック 日本語を見て英文が言えるようになりましょう。

[Unit 2]

□すぐに晴れるでしょう。 | It <u>will</u> be sunny soon.

□私はカメラを持っていきます。 | I <u>will</u> take my camera.

□私は最善をつくします。 | I will <u>do</u> <u>my</u> <u>best</u>.

□あなたは何をしますか。 | <u>What</u> <u>will</u> you do?

□私は来月ハワイへ行く予定です。 | I <u>am</u> <u>going</u> <u>to</u> visit Hawaii next month.

□あなたは来月ハワイへ行く予定ですか。 | <u>Are</u> you <u>going</u> <u>to</u> visit Hawaii next month?

　——はい，そうです。 | —— Yes, I <u>am</u>.

　——いいえ，ちがいます。 | —— No, I <u>am</u> <u>not</u>.

□土曜日に買い物に行く予定です。 | I'm going to <u>go</u> <u>shopping</u> on Saturday.

□土曜日にサイクリングに行く予定です。 | I'm going to <u>go</u> <u>cycling</u> on Saturday.

□土曜日に髪を切ってもらう予定です。 | I'm going to <u>have</u> <u>my</u> <u>hair</u> <u>cut</u> on Saturday.

□現地のルールに従わなければなりません。 | You <u>must</u> follow the local rules.

□ごみを散らかしてはいけません。 | You <u>must</u> <u>not</u> litter.

[Let's Talk 2]

□私たちは旅行の準備をしなければなりません。 | We <u>have</u> <u>to</u> prepare for the trip.

□タオルを持っていく必要はありません。 | We <u>don't</u> <u>have</u> <u>to</u> take towels.

Unit 3 ～Project 1

教 pp.31～47

✓ 重要語 チェック 英単語を覚えましょう。

[Unit 3]

□もし～なら	接 if
□あちらへ, 離れて	副 away
□背の高い	形 tall
□家具	名 furniture
□～かもしれない	助 may
□倒れる	動 fall
□止めて, 消して	副 off
□口	名 mouth
□階	名 floor
□試合, 競技	名 game
□中間	名 middle
□～なしに	前 without
□光	名 light
□疲れた	形 tired
□にがい	形 bitter
□熱	名 fever
□実験	名 experiment
□警報器	名 alarm
□災害	名 disaster
□重要な, 大切な	形 important
□決める	動 decide
□新しい	形 new
□健康的な	形 healthy
□特別の	形 special
□～に参加する	動 join
□設備	名 facility
□(最)上部	名 top
□～のように	前 like

□(最)下部	名 bottom
□～として	前 as
□実演	名 demonstration
□座席, シート	名 seat
□そのような	形 such
□自然の	形 natural
□起こる, 発生する	動 occur
□役に立つ	形 useful
□もっと多くの	形 more
□情報	名 information
□～を確認する, チェックする	動 check

[Let's Talk 3]

□具合が悪い	形 wrong
□悪い, (味が)まずい	形 bad
□～すべきである, ～したほうがよい	助 should
□看護師	名 nurse
□事務室, 診察室	名 office

[Let's Listen 1]

□天気	名 weather
□(高さ・温度・値段などが)高い	形 high
□大部分	名 most

6

✓ 重要文 チェック 日本語を見て英文が言えるようになりましょう。

[Unit 3]

□緊急時には911に電話しなさい。

□大きな地震に対する準備はできていますか。

□もし, 地震が起きたらどうしますか。

□背の高い家具から離れます。

□もし, 料理をしていたらコンロのスイッチを切ります。

□私は夜中におなかがすいていました。

□停電するかもしれないので, 私は懐中電灯が必要です。

□火災報知器が鳴ったら, 私たちは学校の外へ出ます。

□私は火災訓練は重要だと思います。

□私たちはテントを張りました。

[Let's Talk 3]

□どうかしましたか。

□頭[おなか]が痛いです。

□熱があります。

□あなたは医者に行くべきです。

[Project 1]

□わが校へようこそ！

Call 911 <u>in</u> <u>case</u> <u>of</u> <u>emergency</u>.
<u>Are</u> you <u>ready</u> <u>for</u> a big earthquake?

What will you do <u>if</u> an earthquake happens?
I'll <u>get</u> <u>away</u> <u>from</u> tall furniture.
<u>If</u> I'm cooking, I'll turn off the stove.
[I'll turn off the stove <u>if</u> I'm cooking.]
I was hungry <u>in</u> <u>the</u> <u>middle</u> <u>of</u> the night.
I need a flashlight <u>because</u> we many have a blackout.
[<u>Because</u> we many have a blackout, I need a flashlight.]

We'll <u>go</u> <u>out</u> <u>of</u> the school building when the fire alarm <u>goes</u> <u>off</u>.
I <u>think</u> <u>(that)</u> the fire drill is important.
We <u>set</u> <u>up</u> a tent.

<u>What's</u> <u>wrong</u>?
I <u>have</u> <u>a</u> <u>headache</u>[<u>stomachache</u>].
I <u>have</u> <u>a</u> <u>fever</u>.
You should <u>go</u> <u>and</u> <u>see</u> <u>a</u> <u>doctor</u>.

<u>Welcome</u> <u>to</u> our school!

✓ 重要語 チェック 英単語を覚えましょう。

[Unit 4]

□未来, 将来	名future	□ロボット	名robot
□夢	名dream	□所属する	動belong
□仕事	名job	□腕	名arm
□難しい	形difficult	□～を翻訳する	動translate
□楽しみ, おもしろいこと	名fun	□声	名voice
□娯楽	名pastime	□何か	代something
□医者	名doctor	□～を理解する	動understand
□患者	名patient	□会社	名company
□外国の	形foreign	□製品	名product
□超人	名superman	□～を開発する	動develop
□小説家	名novelist	□～と信じる	動believe
□興味深い	形interesting	□助けになる	形helpful
□簡単な, 楽な	形easy	□使用者	名user
□メートル	名meter	□〔winの過去形・過去分詞形〕	動won
□～をたくわえる [ためる]	動save	□賞	名prize
□お金	名money	□～に感銘を与える	動impress
□必要な	形necessary	**[Let's Talk 4]**	
□手まね, 身ぶり	名sign	□ジュース, 汁	名juice

✓ 重要文 チェック 日本語を見て英文が言えるようになりましょう。

[Unit 4]

□あなたは将来よいサックス演奏者になるでしょう。 You'll be a good sax player <u>in the future</u>.

□私はサックスを演奏するのを楽しんでいます。 I enjoy <u>playing</u> the sax.

8

□サックスを演奏するのは難しいです。	Playing the sax is difficult.
□あなたは歌うことが好きですか。	Do you like singing?
□あなたのお気に入りの娯楽はなんですか。	What's your favorite pastime?
□わたしのお気に入りの娯楽はテレビゲームをすることです。	My favorite pastime is playing video games.
□彼らのおかげて，私の祖父は回復しました。	Thanks to them, my grandmother got well.
□私の夢は医者になることです。	My dream is to be a doctor.
□私は人々を助けることがしたいです。	I want to help people.
□私は一週間に2，3冊本を読みます。	I read two or three books a week.
□私も物語を考えるのが好きです。	I like thinking of stories, too.
□書くことを練習することは私にとって大切なことです。	It is important for me to practice writing.
□夕食を料理することは私にとって難しいことです。	It is difficult for me to cook dinner.
□私は科学クラブに所属しています。	I belong to the science club
□そのロボットはあなたの声を手話に翻訳することができます。	The robot can translate your voice into sign language.
□彼らはそれに熱心にとりくみました。	They worked hard on it.

[Let's Talk 4]

□私はランチAがほしいです。	I would like Lunch A.
□何が飲みたいですか。	What would you like to drink?

☑ 重要語 チェック 英単語を覚えましょう。

[Unit 5]

□祈る，祈願する	動pray
□演技者，演奏者	名performer
□～を上げる	動raise
□棒，さお	名pole
□ちょうちん	名lantern
□重い	形heavy
□耳	名ear
□（～を）聞く，耳にする	動hear
□試験〔examination の略語〕	名exam
□遅く	副late
□繁華街へ	副downtown
□びっくりするような	形amazing
□集まる	動gather
□～を始める	動start
□（～に）…を投げる	動throw
□それぞれの	形each
□興奮した	形excited
□～だと感じる，思う	動feel
□驚いた	形surprised
□がっかりした	形disappointed
□花火	名firework
□結果	名result
□うれしい	形glad
□～を祝う	動celebrate
□（水などを）ぴしゃっとかける	動splash
□バケツ	名bucket

□銃，鉄砲	名gun
□～さえ，～まで	副even
□トラック	名truck
□水着	名swimsuit
□暑い	形hot
□寺	名temple
□しかし	副however
□娯楽	名entertainment
□100万（の）	名形million
□戦争	名war
□犠牲者	名victim
□（～を）望む，願う	動hope
□平和	名peace
□復興	名recovery
□中部の	形mid
□県	名prefecture
□現れる，登場する	動appear
□大詰め，フィナーレ	名finale
□太平洋の	形Pacific

[Let's Talk 5]

□ほかに，ほかの	副else
□毛布	名blanket
□もちろん	副certainly

10

✓ 重要文 チェック 日本語を見て英文が言えるようになりましょう。

[Unit 5]

□彼らは収穫を祈るためにお祭り
を開催します。

They hold the festival <u>to pray</u> for a good harvest.

□ケンは試験勉強をするために図
書館へ行きました。

Ken went to the library <u>to study</u> for the exam.

□サキは食べ物を買いにスーパー
マーケットに行きました。

Saki went to the supermarket <u>to buy</u> some food.

□私はときどき漫画を読むために
夜ふかしをします。

I sometimes <u>stay up late</u> to read comic books.

□私はお祭りを見て興奮しました。

I was excited <u>to see</u> the festival.

□ヤマダさんはニュースを知って
驚きました。

Mr. Yamada <u>was surprised to</u> know the news.

□彼は結果を見てがっかりしまし
た。

He <u>was disappointed to</u> see the result.

□彼らは試合を見て興奮しました。

They <u>were excited to</u> watch the game.

□それは元旦をお祝いするための
お祭です。

It is a festival <u>to celebrate</u> New Year's Day.

□何か食べるものを持っていきます。

I'll take <u>something to eat</u>.

□何か飲むものがほしいです。

I want <u>something to drink</u>.

□私は今日やるべき宿題がたくさ
んあります。

I have a lot of homework <u>to do</u> today.

□4月1日から3日まで，彼らは
お祭りをします。

<u>From April 1 to 3</u>. they hold the festival.

[Let's Talk 5]

□水を持ってきてくれますか。

<u>Could</u> you bring me some water, <u>please</u>?

□毛布をもう1まい持ってきてい
ただけますか。

<u>Could I</u> have another blanket, <u>please</u>?

□ほかに何かありますか。

<u>Anything else</u>?

11

Unit 6 ～Project 2

教pp.73～89

✓ 重要語 チェック 英単語を覚えましょう。

[Unit 6]

□生きている	形living
□もの, こと	名thing
□目	名eye
□(爪のある動物の)足	名paw
□はずかしがりの	形shy
□実際は	副actually
□漂流する	動drift
□離れて	副apart
□緊張した	形nervous
□えさをやること	名feeding
□サル	名monkey
□問題	名problem
□(～の)味がする	動taste
□ミツバチ	名bee
□ハチミツ	名honey
□①数字 ②姿	名figure
□方向	名direction
□距離	名distance
□スター, 人気者	名star
□オスの, 男性の	名male
□(動物の)調教師	名trainer
□鼻	名nose
□演技, 演奏	名performance
□魚	名fish
□(～に)…を話す, 教える	動tell
□おもちゃ	名toy
□(～に)…を送る	動send

□天使	名angel
□羽	名wing
□変わる	動change
□おそろしい	形scary
□鬼, 悪魔	名demon
□頭	名head
□ヒトデ	名starfish
□クラゲ	名jellyfish
□美しく	副beautifully
□スマートフォン	名smartphone
□ゆっくりな, のんびりした	形slow
□～をうらやましく思う	動envy
□すぐに	副right
□なまけている, 怠惰な	形lazy
□人	名person
□速く, すばやく	副quickly
□筋肉	名muscle
□楽に, 簡単に	副easily
□葉, 葉っぱ	名leaf
□死ぬ	動die
□～を消化する	動digest
□胃	名stomach
□平和な	形peaceful
□～を判断する	動judge
□〔否定文で〕今はもう (～ない)	形anymore

[Let's Talk 6]

□停留所	名stop

12

□分　　名minute
□神社　　名shrine
[Let's Listen]
□出発　　名departure
□航空会社　　名airline
□(飛行機が)客を搭乗させる，(客が)搭乗する　動board

□(空港の)搭乗口　　名gate
□乗客　　名passenger
[Project 2]
□理由　　名reason
□〜を広める　　動spread

重要文 チェック 日本語を見て英文が言えるようになりましょう。

[Unit 6]
□ラッコははずかしがりに見えます。　See otters <u>look</u> <u>shy</u>.
□彼女は眠いです。　She <u>feels</u> <u>sleepy</u>.
□このケーキはおいしいです。　This cake <u>tastes</u> <u>good</u>.
□ミツバチは私たちにハチミツをくれます。　Bees <u>give</u> <u>us</u> <u>honey</u>.

□何か飲むものをください。　Please <u>give</u> <u>me</u> <u>something</u> <u>to</u> <u>drink</u>.
□あなたのパスポートを見せてください。　Can you <u>show</u> <u>me</u> <u>your</u> <u>passport</u>?

□冬が春に変わりました。　Winter <u>changed</u> <u>into</u> spring.
□私たちはそれを海の天使と呼びます。　We <u>call</u> <u>it</u> <u>a</u> <u>sea</u> <u>angel</u>.
□私たちは彼をビルと呼びます。　We <u>call</u> <u>him</u> <u>Bill</u>.
□ブルースカイ動物園にようこそ。　<u>Welcome</u> <u>to</u> Blue Sky Zoo.
[Let's Talk 6]
□どのバスが桜動物園へ行きますか。　<u>Which</u> <u>bus</u> goes to Sakura Zoo?
　―桜動物園は5番目の停留所です。　—— Sakura Zoo is the <u>fifth</u> <u>stop</u>.
□どれくらいの頻度でバスは来ますか。　<u>How</u> <u>often</u> do the buses come?
　―それらは15分ごとに来ます。　—— They come <u>every</u> fifteen minutes.
[Project 2]
□2つの理由があります。　I <u>have</u> two <u>reasons</u>.
□ご静聴ありがとうございました。　<u>Thank</u> <u>you</u> <u>for</u> <u>listening</u>.

13

Unit 7 ～Let's Talk 7

✓ 重要語 チェック 英単語を覚えましょう。

[Unit 7]

□～を比較する	動compare	□見込み	名expectancy
□順位，ランキング	名ranking	□食事	名diet
□リスト，一覧表	名list	□カメ	名turtle
□面積	名area	□とび上がる，ジャンプする	動jump
□～よりも	前than		
□わずかに	副slightly	□(高さ・温度・値段などが)高い	形high
□硬貨	名coin		
□軽い	形light	□～を推測する	動guess
□調査	名survey	□サッカー〔英〕，アメリカンフットボール〔米〕	名football
□大部分	名most		
□～を含む	動include	□ドリブルする	動dribble
□～の間で	前among	□(スポーツ競技の)コート	名court
□アジアの	形Asian		
□ヨーロッパの	形European	□両方の～とも	形both
□クラス，学級	名class	□ちがう，異なる	動differ
□バラ	名rose	□上着，ジャケット	名jacket
□平均の	形average	□コート	名coat
		□セーター	名sweater

✓ 重要文 チェック 日本語を見て英文が言えるようになりましょう。

[Unit 7]

□カナダはアメリカよりも大きいです。	Canada is <u>larger</u> <u>than</u> the U.S.
□ロシアは世界で一番大きな国です。	Russia is <u>the</u> <u>largest</u> country in the world.
□1円玉は5円玉よりも軽いです。	The one yen coin is <u>lighter</u> <u>than</u> the five yen coin.
□アジアの国々はヨーロッパの国々よりも人気があります。	Asian countries are <u>more</u> <u>popular</u> <u>than</u> European countries.

□アメリカは訪れるのに一番人気
のある場所です。

□私は問題1は問題2よりも難し
いと思います。

□私は数学は理科よりも楽しいと
思います。

□私はスマホよりコンピューター
の方が便利だと思います。

□私にとって最も重要なものは音
楽です。

□私は健康的な食事が長生きの秘
訣だと思います。

□シンガポールの人々はオーストラリ
アの人々と同じくらい長生きします。

□ケンは兄[弟]と同じくらい背が
高いです。

□ユウタはケンと同じくらい速く
泳ぐことができます。

□サキはケンと同じくらい熱心に
勉強します。

□人気のスポーツは国ごとに違い
ます。

[Let's Talk 7]

□いらっしゃいませ。

□試着していいですか。

□小さすぎます。

□もっと大きのはありますか。

□別の色はありますか。

□もっと安いのはありますか。

The USA is <u>the most</u> popular place to visit.

I think Question 1 is <u>more difficult than</u> Question 2.

I think math is <u>more fun than</u> science.

I think computer is <u>more useful than</u> smartphone.

<u>The most important</u> thing to me is music.

I think a healthy diet is the <u>key to</u> a long life.

People in Singapore live <u>as long as</u> people in Australia.

Ken is <u>as tall as</u> his brother.

Yuta can swim <u>as fast as</u> Ken.

Saki studies <u>as hard as</u> Ken.

Popular sports <u>differ from</u> country <u>to</u> country.

<u>May</u> <u>I</u> <u>help</u> <u>you</u>?
<u>Can</u> <u>I</u> <u>try</u> <u>it</u> <u>on</u>?
<u>It's</u> <u>too</u> <u>small</u>.
Do you have <u>a bigger one</u>?
Do you have <u>one in a different color</u>?
Do you have <u>anything cheaper</u>?

15

✓ 重要語 チェック 英単語を覚えましょう。

[Unit 8]

□～が大好てである，愛	動名love
□〔speakの過去分詞形〕	動spoken
□写真〔photographの略語〕	名photo
□〔takeの過去分詞形〕	動taken
□書道	名calligraphy
□〔writeの過去分詞形〕	動written
□城	名castle
□〔buildの過去形・過去分詞形〕	動built
□旅行者	名tourist
□扱う	動deal
□品物	名goods
□ランプ	名lamp
□〔the～〕インターネット	名Internet
□一般に	副generally
□広く	副widely
□車，自動車	名car
□電気で動く	形electric
□～を配達する	動deliver
□切手	名stamp
□遺跡	名ruin
□古代の	形ancient
□〔seeの過去分詞形〕	動seen
□～を引きつける	動attract
□もとのところへ	副back
□カメラマン	名photographer

□～を出版する	動publish
□～を修理する	動repair
□レインコート	名raincoat
□インタビューする人	名interviewer
□～を守る[保護する]	動protect
□〔fallの過去形〕	動fell
□ボランティア	名volunteer
□獣医	名vet
□～を殺す	動kill
□象牙	名ivory
□〔sellの過去形・過去分詞形〕	動sold
□値段	名price
□違法の	形illegal
□貿易，取引	名trade
□～のにおいをかぐ	動sniff
□～を隠す	動hide
□～をたどる	動track
□におい	名smell
□メッセージ	名message
□装飾品	名ornament
□喜び	名pleasure

[Let's Listen]

□女性，淑女	名lady
□男性，紳士	名gentleman
□よう精	名fairy
□〔次の連語で〕 a few ～ 少しの～	形few

□ちょうど〔時刻を　　形sharp
　表す語のあとで〕
□用意のできた　　　　形ready
□〜を招待する　　　　動invite

[Project 3]
□より(もっと)〔very 副better
　muchの比較級〕
□ハイキングをする　　動hike

✓ 重要文 チェック 日本語を見て英文が言えるようになりましょう。

[Unit 8]

□私はますます多くの人が日本食
　が好きになることを望みます。

I hope <u>more and more</u> people will like Japanese food.

□そのレストランは地元の人々に
　愛されています。

The restaurant <u>is loved by</u> local people.

□ポルトガル語はブラジルで話さ
　れています。

Portuguese <u>is spoken</u> in Brazil.

□私はモロッコにある会社に勤め
　ています。

I'm <u>working for</u> a company in Morocco.

□その会社はお皿やランプなど
　様々な品物を扱っています。

The company <u>deals with</u> various goods <u>such as</u> dishes and lamps.

□英語はモロッコで話されていま
　すか。
　——はい。／いいえ。

<u>Is</u> English <u>spoken in</u> Morocco?

—— Yes, <u>it is</u>. / No, <u>it isn't</u>.

□英語はモロッコで話されていま
　せん。

English is <u>not</u> spoken in Morocco.

□私はローマに引きつけられまし
　た。

I <u>was attracted to</u> Rome.

□私はイタリア語を熱心に勉強し
　てローマにもどってきました。

I studied Italian hard and <u>came back</u> to Rome.

17

□多くの古代ローマの遺跡をここでは見ることができます。

Many ruins of ancient Rome <u>can</u> <u>be</u> <u>seen</u> here.

□私たちは今日，彼女にインタビューをします。

Today, we <u>have</u> <u>an</u> <u>interview</u> <u>with</u> her.

□まず最初に，なぜあなたはあなたの仕事を選んだのですか。

<u>First</u> <u>of</u> <u>all</u>, why did you choose your work?

□私はアフリカの野生動物に恋をしました。

I <u>fell</u> <u>in</u> <u>love</u> <u>with</u> wild animals in Africa.

□最初はボランティアとして始めました。

<u>At</u> <u>first</u>, I started as a volunteer.

□密猟をやめさせる必要があります。

We <u>need</u> <u>to</u> stop poaching.

□密猟者が注意深くそれを隠しても，そのイヌたちはそれを見逃しません。

<u>Even</u> <u>if</u> poachers hide it carefully, the dogs won't miss it.

□彼らは私たちのチームで重要な役割をはたしています。

They <u>play</u> <u>an</u> <u>important</u> <u>part</u> in our team.

[Let's Talk 8]

□次の日曜日に，私と映画に行きませんか。

<u>Would</u> <u>you</u> <u>like</u> <u>to</u> go to a movie with me next Sunday?

□いっしょに野球をしましょう。

<u>Let's</u> play baseball.

□私たちといっしょに動物園に行きましょう。

<u>Why</u> <u>don't</u> <u>you</u> go to the zoo with us?

□いっしょに公園に行きませんか。

<u>Why</u> <u>don't</u> <u>we</u> go to the park?

□私といっしょにショッピングに行くのはどうですか。

<u>How</u> <u>about</u> <u>going</u> shopping with me?

[Let's Listen 3]

□試験の準備をしなさい。

<u>Get</u> <u>ready</u> <u>for</u> the exam.

□私は夕食に招待されました。

I <u>was</u> <u>invited</u> <u>to</u> dinner.

Let's Read ①②

✓ 重要語 チェック 英単語を覚えましょう。

[Let's Read ①]

□園長	名manager
□座る	動sit
□子ども	名kid
□それに	副besides
□条件	名condition
□かまわない	形fine
□肉体の	形physical
□ぶらつく	動hang
□おり	名cage
□昼寝	名nap
□(店・施設が)閉まる	動close
□〔~に〕…を支払う	動pay
□生きている	形alive
□死んだ	形dead
□飛ぶ	動fly
□油であげた	形fried

[Let's Read ②]

□おびえた	形scared
□本物の	形real
□やあ，おい	間hey
□肉	名meat
□お母さん	名mom
□そうね，ええ	間yeah
□奇妙な	形weird
□〔runの過去形〕	動ran
□アナウンス	名announcement
□女性，淑女	名lady
□男性，紳士	名gentleman
□十分に	副enough
□けがをした	形hurt
□すぐ近くに	副close
□ささやく	動whisper

✓ 重要文 チェック 日本語を見て英文が言えるようになりましょう。

[Let's Read ①]

□この場所は動物園のように見えます。　This place looks like a zoo.

□どうぞ座ってください。　Please sit down.

□私はここで何をしなければならないのですか。　What do I have to do here?

□私はただぶらぶらして時をすごしたいのです。　I just want to hang out.

□好きなだけ寝てください。　Sleep all you want.

19

□私は午後4時に仕事を終えたいです。 I want to <u>get off work</u> at 4:00 p.m.

□動物園は午後4時に閉園します。 The zoo <u>closes at</u> 4:00 p.m.

□1日につき10,000円あなたに支払います。 I'll pay you 10,000 yen <u>a day</u>.

□私は，それはいい仕事だと思います。 <u>I guess</u> it's not a bad job.

□では，この衣装を着てください。 Then <u>put</u> this costume <u>on</u>.

□私の昼食はどうしますか。 <u>What about</u> my lunch?

□いくらかの鶏肉をあなたに持ってきます。 I will <u>bring you some chicken</u>.

□静かにしてください。 <u>Be quiet</u>.

□何か必要になったらあなたを呼びます。 I'll call you <u>if</u> I need anything.

[Let's Read ②]

□彼はトラにおびえていました。 He <u>was scared of</u> the tiger.

□彼らは逃げました。 They <u>ran away</u>.

□私はそれについて聞いていません。 I didn't <u>hear about</u> that.

□今日は来てくれてありがとうございます。 <u>Thank you for coming</u> today.

□冗談じゃない！ <u>No way!</u>

□私は昨日けがをしました。 I <u>got hurt</u> yesterday.

□少年は母親の耳にささやきました。 The boy <u>whispered in</u> his mother's ear.

| Step 2 | 予想問題 | **Unit 1 What is a Hero?**
～Let's Talk 1 | 30分
(1ページ10分) |

❶ ❶～❻は単語の意味を，❼～⓬は日本語を英語になおしなさい。

💡ヒント

- ☐ **❶** round （　　　　　） ☐ **❷** plant （　　　　　）
- ☐ **❸** sad （　　　　　） ☐ **❹** news （　　　　　）
- ☐ **❺** headache （　　　　　） ☐ **❻** writer （　　　　　）
- ☐ **❼** 登場人物 ＿＿＿＿＿ ☐ **❽** 本棚 ＿＿＿＿＿
- ☐ **❾** おなかがすいた ＿＿＿＿＿ ☐ **❿** 怒った ＿＿＿＿＿
- ☐ **⓫** 困難 ＿＿＿＿＿ ☐ **⓬** 歌 ＿＿＿＿＿

❶
❸感情を表す語。
❻職業の一つ

❷ （　）内に入れるのに最も適切な語を，
㋐～㋓から選んで○で囲みなさい。

- ☐ **❶** Everyone knows the moon is （　　）.
  - ㋐ low ㋑ round ㋒ tall ㋓ kind
- ☐ **❷** There are a lot of （　　） in the garden.
  - ㋐ floors ㋑ moments ㋒ plants ㋓ flavor
- ☐ **❸** *A:* Are you OK, Meg?
  - *B:* I have a （　　）.
  - ㋐ park ㋑ headache ㋒ page ㋓ map
- ☐ **❹** He was a good （　　）. He wrote a lot of good books.
  - ㋐ movie ㋑ pencil ㋒ writer ㋓ math
- ☐ **❺** I am very （　　）. I want to eat curry.
  - ㋐ cool ㋑ hungry ㋒ little ㋓ cute
- ☐ **❻** The musician sings beautiful （　　）.
  - ㋐ phone ㋑ songs ㋒ mirror ㋓ member

❷
❶月の形を考える。
❷庭にたくさんあるものは何か考える。
❹たくさんの本を書く人を表す語は何かを考える。

❸ 次の各組の下線部の発音が同じなら○，
異なれば×を書きなさい。

- ☐ **❶** m<u>ar</u>ch （　　） ☐ **❷** st<u>o</u>ry （　　）
  - <u>ear</u>thquake　　　　　　　　l<u>o</u>se

ヒント

④ 日本語に合う英文になるように，____に適切な語を書きなさい。

□ ❶ その芸術家の歌は多くの人々を元気づけている。

The artist's songs cheer _____ a lot of people.

□ ❷ 私は風邪をひいていて，昨日寝ていました。

I caught a _____ and I was sleeping yesterday.

⑤ 次の____に適切な語を下から選びなさい。
文頭は大文字にすること。

Emily: Wow! ①_____ are many picture books in your room.

Aoi: Yes, I like picture books.

Emily: ②_____ is this character with a round face?

Aoi: He is Anpanman. He is my hero.

Emily: Oh, here is another Anpanman book. You like him very much!

here	there	what	when

❺
・picture book「絵本」
・character「キャラクター」

⑥ 次の文を（ ）内の指示にしたがって____に書きかえなさい。

□ ❶ He went to bed when he got sleepy. （whenを文頭にして）

→ _____

□ ❷ There is a train station in this town. （疑問文にして）

→ _____

点UP

❻
❶ **✕ ミスに注意**
whenを文頭に置くときは，後半の節の前にはカンマを置く。

⑦ 次の会話で適切な答えを（ ）内の指示に従って英語で書きましょう。

□ ❶ Is there a library near your house? （はい，と答える。）

_____

□ （いいえ，と答える。）

_____

□ ❷ Are there students in the classroom? （はい，と答える。）

_____

□ （いいえ，と答える。）

_____

❼
Is there〜?, Are there〜? で聞かれたときにそれぞれどのように答えるかを考えよう。

❽ 次の英文を日本語にしなさい。

☐❶ I read books when I have free time.

(　　　　　　　　　　　　　　　　　　　　　　　　)

☐❷ They were sleeping when I came home.

(　　　　　　　　　　　　　　　　　　　　　　　　)

❾ 日本語に合う英文になるように、
（　）内の語句を並べかえなさい。

☐❶ 私の家は花屋のとなりにあります。

(flower / to / my house / a / is / next) shop.

_____

☐❷ 壁にはポスターが一枚あります。

(there / the wall / poster / on / is / a).

_____

❿ 次の日本語を英文にしなさい。

☐❶ 彼が私に電話した時，私は眠っていた。（whenを文頭にして）

_____

☐❷ 床の上にボール1つあります。（thereを用いて）

_____

❾
❷There is~「~があ
る」の形を使う。

❿
❶「私は眠っていた」は
過去進行形を用いる。

[解答 ▶ p.1]　　**5**

Step 3 予想テスト ・・・ **Unit 1 What is a Hero?**
～Let's Talk 1

⏱ 30分 ／100点 目標80点

❶ 日本語に合う英文になるように，＿＿＿に適切な語を書きなさい。知 15点（各完答5点）

❶ テーブルの上に１つリンゴがあります。

＿＿＿＿ ＿＿＿＿ an apple on the table.

❷ 彼らはクラスで歌っていました。

They ＿＿＿＿ ＿＿＿＿ in the class.

❸ 日本にはクマはいますか。

Are there ＿＿＿＿ in Japan?

❷ 日本語に合う英文になるように，（ ）内の語句を並べかえなさい。知 15点（各5点）

❶ 私たちは公園を走っていました。 (we / the park/ were / running / in).

❷ この部屋にはテレビがありますか。

(this room / there / in / a TV / is)?

❸ 窓のそばにソファーがあります。

(a sofa / is / by / the window / there).

❸ 次の対話文の①～③の空所に入れるのに最も適切な語の記号を解答欄に書きなさい。知

30点（各完答10点）

A: Where are you now?

B: I'm (①) front of the restaurant. (②) you come here?

A: OK. Where is the restaurant?

B: It's (③) to the post office.

① ㋐ on ㋑ at ㋒ in ㋓ to
② ㋐ Did ㋑ Can ㋒ When ㋓ Where
③ ㋐ next ㋑ about ㋒ over ㋓ under

❹ 次の文を読んで，あとの問いに答えなさい。知表 15点

He is Yanase Takashi, a manga artist and picture book writer. He created Anpanman. He was also a songwriter. He ①writes "Anpanman's March." (②) the Great East Japan Earthquake happened, the song cheered up the people in Tohoku. ③They were singing the song during the hard times.

❶ ①を過去形にしなさい。 (5点)

❷ ②に適切な語を入れなさい。 (5点)

❸ 下線部③を日本語で訳しなさい。 (5点)

❺ 以下の日本語を英語になおしなさい。 表　　　　　　　　　　25点（各5点）

① 母は学校の前で待っていました。

② 私は 2 時間前に本を読んでいました。

③ 私がテレビを見ていたとき，母が家に帰ってきました。 （whenを文頭にして）

④ 彼は父ではなく，私の祖父です。 （butを用いて）

⑤ あなたの家の近くに郵便局はありますか。 （nearを用いて）

❶	①		
	②		
	③		
❷	①		
	②		
	③		
❸	①	②	③
❹	①	②	
	③		
❺	①		
	②		
	③		
	④		
	⑤		

Step 1 **基本チェック** Unit 2 Traveling Overseas ~Let's Talk 2 ⏱ 5分

■ 赤シートを使って答えよう！

❶ [未来を表す表現will・be going to ～]

解答欄

- ☐ ❶ I will [visit / visiting] Kyoto this weekend.　　　　　❶ _____
- ☐ ❷ Kenta will [come / comes] home at four.　　　　　❷ _____
- ☐ ❸ Will it [Is / be] sunny tomorrow?　　　　　❸ _____
- ☐ ❹ I [am / will] going to clean my room today.　　　　　❹ _____
- ☐ ❺ [Are / Do] you going to practice soccer?　　　　　❺ _____
- ☐ ❻ Eri [isn't / doesn't] going to study English tomorrow.　❻ _____

❷ [助動詞must]

- ☐ ❶ We [must] [get] up at five o'clock tomorrow.　　　❶ _____
- ☐ ❷ He [must] [go] to school tomorrow.　　　　　❷ _____
- ☐ ❸ I [must] [study] math very hard.　　　　　❸ _____

POINT ....

❶ [未来を表す表現will] 〈will＋動詞の原形〉「～でしょう」

・It will be hot tomorrow.　[あすは暑くなるでしょう。]

　短縮形 It will → It'll　　I will → I'll

❷ [be going to ～] 〈is, am, are＋going to＋動詞の原形〉「～するつもりです」

・I am going to visit my friend tomorrow.　[私はあす，友達を訪ねるつもりです。]

・Are you going to visit your friend tomorrow?

　──Yes, I am. / No, I am [I'm] not.

[あなたはあす，友達を訪ねるつもりですか。]

　　──[はい，訪ねるつもりです。]／[いいえ，訪ねるつもりではありません。]

❸ [助動詞must]：〈must＋動詞の原形〉・〈must not＋動詞の原形〉

・We must study hard.　[私たちは一生けんめい勉強しなければなりません。]
　　└〈must＋動詞の原形〉「～しなければならない」

・We must not [mustn't] eat here.　[私たちはここで食べてはいけません。]
　　└〈must not＋動詞の原形〉「～してはいけない」

Step 2 予想問題 : **Unit 2 Traveling Overseas ～Let's Talk 2**

30分
(1ページ10分)

❶ ①～⑥は単語の意味を，⑦～⑫は日本語を英語になおしなさい。 💡ヒント

- □① sunny （　　　　　） □② cloudy （　　　　　）
- □③ beach （　　　　　） □④ plan （　　　　　）
- □⑤ island （　　　　　） □⑥ rule （　　　　　）
- □⑦ 今夜(は) ＿＿＿＿＿＿ □⑧ 明日(は) ＿＿＿＿＿＿
- □⑨ ～に勝つ ＿＿＿＿＿＿ □⑩ 地元の ＿＿＿＿＿＿
- □⑪ 有名な ＿＿＿＿＿＿ □⑫ ～を尊重する＿＿＿＿＿＿

❶
③～⑥は日本語でも用
いられている。
⑫rから始まる語。

❷ （　）内に入れるのに最も適切な語を，
㋐～㋓から選んで○で囲みなさい。

- □① It's sunny today. Let's go to the (　　).
  - ㋐ sport ㋑ beach ㋒ umbrella ㋓ towel
- □② What's your (　　) during winter vacation?
  - ㋐ magazine ㋑ page ㋒ plan ㋓ souvenir
- □③ A lot of dolphins live near the (　　).
  - ㋐ costume ㋑ bread ㋒ island ㋓ experience
- □④ You must follow the school (　　).
  - ㋐ parks ㋑ rules ㋒ pages ㋓ maps
- □⑤ I want to (　　) the next match.
  - ㋐ collect ㋑ win ㋒ grow ㋓ paint
- □⑥ This is a (　　), beautiful beach, and a lot of people visit it every day.
  - ㋐ delicious ㋑ famous ㋒ hard ㋓ surprised

❷
①天気がいいと行きた
くなる「場所」を考え
る。
③イルカがいる可能性
がある場所を考える。
④「校則」は何というか
考える。

❸ 次の各組の下線部の発音が同じなら○，
異なれば×を書きなさい。

- □① pl<u>a</u>n （　　） □② g<u>u</u>m （　　）
  - n<u>a</u>tive　　　　　　 p<u>u</u>blic

4 日本語に合う英文になるように, ____ に適切な語を書きなさい。

❶ 私は次の日曜日は外出します。

I'll go _____ next Sunday.

❷ 私たちは地震に備えなければならない。

We must _____ for earthquakes.

5 次の ☐ に適切な語を下から選びなさい。

Kelly: Let's go and see the night view tonight.

Aoi: But it's ①_____ raining.

Kelly: Don't worry. It'll be clear soon. In Hong Kong, rain lasts for only a short time in summer.

Aoi: Really? Then I'll bring my camera.

I want to ②_____ many pictures.

put	still	less	take

6 次の文を( )内の指示にしたがって ____ に書きかえなさい。

点UP

❶ I meet my aunt every day.

（every day を tomorrow にする。be going to を用いて）

→ _____

❷ We did our best yesterday.　（yesterday を next Friday にして）

→ _____

7 次の会話で適切な答えを以下の表を見てそれぞれ英語で書きましょう。（今日は金曜日とします）

❶ What are you going to do tomorrow?

_____

❷ What are you going to do on Sunday?

_____

金	学校
土	買い物
日	サイクリング

8 次の英文を日本語にしなさい。

☐ **1** It will be rainy and cold soon.

(   )

☐ **2** I will take your picture with this camera.

(   )

9 日本語に合う英文になるように，
（　）内の語句や符号を並べかえなさい。

☐ **1** 私たちは学校のルールに従わなければなりません。

We (school / follow / the / rules / must / we) .

_____

☐ **2** 私たちは体育祭の準備をしなければならない。

(for / have / we / to / the / prepare) sports festival.

_____

10 次の日本語を英文にしなさい。

☐ **1** あなたは今日傘を持っていく必要はありません。

_____

☐ **2** この部屋で食べてはいけません。（mustを用いて）

_____

ヒント

8
1 soon は「すぐに」という意味。
2 with は手段「～で」を表す。

9
2 prepare for を用いた表現。

10
1 「～する必要がない」をどのように表すか考える。

Unit 2 ~ Let's Talk 2

Step 3 予想テスト : **Unit 2 Traveling Overseas ~Let's Talk 2** 30分 /100点 目標 80点

❶ 日本語に合う英文になるように，＿＿＿に適切な語を書きなさい。知 15点（各完答5点）

① 私は帽子を持っていきます。

I ＿＿＿＿ ＿＿＿＿ my hat.

② あなたはこのルールに従わなければなりません。

You ＿＿＿＿ ＿＿＿＿ this rule.

③ 来月，京都を訪れる予定です。

I ＿＿＿＿ ＿＿＿＿ ＿＿＿＿ visit Kyoto next month.

❷ 日本語に合う英文になるように，（ ）内の語句を並べかえなさい。知 15点（各5点）

① 夏休みの計画は何ですか。

(vacation / your / during / plan / what's / summer) ?

② 今日はサイクリングをしに行きます。

(will / go / cycling / I) today.

③ 私たちはここで写真を撮ってはいけません。

(not / take / must / we / pictures) here.

❸ 次の対話文の①〜③の空所に入れるのに最も適切な語句の記号を解答欄に書きなさい。知

30点（各完答10点）

A: We have to (①) for the trip this weekend.

B: Yes. You have to pack your suitcase.

A: Do I (②) take towels?

B: No, you (③). The hotel has towels.

① ㋐ put ㋑ take ㋒ stay ㋓ prepare

② ㋐ will ㋑ can ㋒ must ㋓ have to

③ ㋐ will not ㋑ cannot ㋒ must not ㋓ don't have to

❹ 次の文を読んで，あとの問いに答えなさい。表 15点

Sora: Do you have any (①) for summer vacation?

Emily: I'm going to visit Hawaii with my family.

Sora: That's great! (②) are you going to do there?

Emily: We're going to watch dolphins on a boat.

Sora: How nice! I want to watch dolphins, too.

Emily: ③I'll take many pictures for you!

❶ ①に適切な語を入れなさい。 (5点)

❷ ②に適切な語を入れなさい。 (5点)

❸ 下線部③を日本語で訳しなさい。 (5点)

❺ 以下の日本語を英語になおしなさい。 表　　　　　　　25点(各5点)

❶ 私は来年日本を訪れる予定です。

❷ 明日はくもります。

❸ あなたは心配する必要はありません。 （have toを用いて）

❹ 夜は外出してはいけません。 （mustを用いて）

❺ 東京でおすすめの場所はどこですか。 （whatを用いて）

❶	❶		
	❷		
	❸		
❷	❶		
	❷		
	❸		
❸	❶	❷	❸
❹	❶	❷	
	❸		
❺	❶		
	❷		
	❸		
	❹		
	❺		

Step 1 基本チェック · Unit 3 In Case of Emergency ～Project 1

5分

■ 赤シートを使って答えよう！

❶［助動詞］

解答欄

□ **❶** ジルはその話を知っているかもしれない。

Jill [may] know the story.

□ **❷** 私が彼に明日話すつもりです。

I [will] talk to him tomorrow.

□ **❸** あなたは明日早く帰らなければなりません。

You [have] [to] come home early.

□ **❹** あなたは今週ここに滞在する予定ですか。

[Are] you [going] [to] stay here this week?

□ **❺** あなたはチケットを買う必要はありません。

You don't [have] [to] buy the ticket.

❶
❷
_____
❸
_____
_____
❹
_____
_____
❺
_____
_____

POINT ....

❶助動詞

①[can] 〈～することができる［能力・可能］〉

I can play the piano. ［私はピアノをひくことができます。］

②[will] 〈～(する)だろう［未来］，～するつもりである［意志］〉

I will go there tomorrow. ［私は明日そこに行きます。］

③[must] 〈しなければならない［義務］〉

I must do my homework. ［私は宿題をしなければいけません。］

④[must not] 〈してはいけない［禁止］〉

You must not eat here. ［ここで食べてはいけません。］

⑤[may] 〈～かもしれない［推量］〉

He may come here. ［彼はここに来るかもしれません。］

⑥[should] 〈～べき［義務・助言］〉

You should see a doctor. ［医者に行くべきです。］

❷助動詞と似た働きをする表現

①[be going to] 〈～するつもりである〉

I am going to go hiking tomorrow. ［私は明日ハイキングに行く予定です。］

②[have to] 〈～しなければならない〉

I have to go now. ［私は今行かなければなりません。］

③[don't have to] 〈～する必要はない〉

You don't have to worry. ［心配する必要はありません。］

■ 赤シートを使って答えよう！

1 ［接続詞］

□ **1** もし時間があれば，コンサートに行きましょう。

[If] you have time, let's go to the concert.

1 ＿＿＿＿＿＿＿＿＿

□ **2** 私は眠たいので，家にいたい。

I want to stay home [because] I am sleepy.

2 ＿＿＿＿＿＿＿＿＿

□ **3** 私はあなたが正しいと思います。

I think [that] you are right.

3 ＿＿＿＿＿＿＿＿＿

2 ［助動詞を使った表現］

□ **1** 今お話ししてもいいですか。

[Can] I talk to you now?

1 ＿＿＿＿＿＿＿＿＿

□ **2** ドアを開けていただけますか。

[Can] you open the door?

2 ＿＿＿＿＿＿＿＿＿

□ **3** あなたのペンを使っていいですか。

Can [I] use your pen?

3 ＿＿＿＿＿＿＿＿＿

Unit 3 ~ Project 1

POINT ....

❶接続詞

①[if] 〈もし〜ならば〉

If it's nice outside, let's play basketball.　[もし晴れたなら，バスケットボールをしましょう]

②[because] 〈〜なので，〜するので〉

I didn't go to school because I was sick.　[病気だったので，学校を休みました。]

③[that] 〈〜ということ〉

I think [that] the book is interesting.　[その本はおもしろいと思います。]

❷助動詞を使った表現

①[Can [May] I 〜?] 〈〜してもいいですか［許可］〉

Can [May] I use this chair?　[この椅子を使ってもいいですか。]

②[Can you 〜?] 〈〜してもらえませんか［依頼］〉

Can you carry this box?　[この箱を運んでくれますか]

Step 2 予想問題 **Unit 3 In Case of Emergency ~Project 1**

40分
(1ページ10分)

❶ ❶~❻は単語の意味を，❼~⓬は日本語を英語になおしなさい。 💡ヒント

☐ ❶ floor （　　　　） ☐ ❷ game （　　　　）

☐ ❸ tired （　　　　） ☐ ❹ alarm （　　　　）

☐ ❺ important （　　　　） ☐ ❻ special （　　　　）

☐ ❼ 背の高い ＿＿＿＿＿ ☐ ❽ 健康的な ＿＿＿＿＿

☐ ❾ ～に参加する＿＿＿＿ ☐ ❿ 座席，シート＿＿＿＿

☐ ⓫ 役に立つ ＿＿＿＿＿ ☐ ⓬ 情報 ＿＿＿＿＿

❶
❷, ❹は日本語でも用
いられている。

❷ （　）内に入れるのに最も適切な語を，
㋐～㋓から選んで◯で囲みなさい。

☐ ❶ My baby is sleeping on the second （　　）.
　 ㋐ ask　㋑ floor　㋒ enter　㋓ read

☐ ❷ I am （　　） and I want to go home.
　 ㋐ more　㋑ have　㋒ expensive　㋓ tired

☐ ❸ *A:* What is that?
　 B: Oh, the fire （　　） went off!
　 ㋐ alarm　㋑ care　㋒ color　㋓ arm

☐ ❹ I think your idea is （　　） for us.
　 ㋐ next　㋑ thick　㋒ rainy　㋓ important

☐ ❺ I got a good （　　） near the window.
　 ㋐ forecast　㋑ drama　㋒ seat　㋓ station

☐ ❻ We can get a lot of （　　） about the contest.
　 ㋐ information　㋑ baths　㋒ headache　㋓ buses

❷
❷「家に帰りたい」状態
のときは例えばどん
な状態のときか考え
る。
❸音がなるものを選択
肢から考える。
❻contest「コンテス
ト」についての何を
得ることができるの
かを考える。

❸ 次の語で最も強く発音する部分の記号を答えなさい。

☐ ❶ dem-on-stra-tion （　　） ☐ ❷ fur-ni-ture （　　）
　 ア　イ　ウ　エ 　　　　　　　　 ア　イ　ウ

💡ヒント

④ 日本語に合う英文になるように，＿＿に適切な語を書きなさい。

☐ **1** 私は大きなクマから逃げた。

I got ＿＿＿＿＿＿ from the big bear.

☐ **2** 本棚が倒れてきた。

A bookshelf ＿＿＿＿＿＿ down.

☐ **3** 電気を消してください。

Please ＿＿＿＿＿＿ off the light.

☐ **4** 真夜中に雨が降っていた。

It was raining in the ＿＿＿＿＿＿ of the night.

④

1～**3**はそれぞれ動詞を用いた表現。

⑤ 次の ☐ に適切な語を下から選び，
必要があれば適切な形にして書きなさい。

Ms. Bell: What do you need in ➊[＿＿＿＿＿] of an
emergency? And why?

Aoi: I need a flashlight because we may have a
blackout. I can't move ➋[＿＿＿＿＿] a light.

Ms. Bell: Thank you, Aoi. ➌[＿＿＿＿＿] about you, Chen?

Chen: I need food and water ➍[＿＿＿＿＿] I can't live
without them.

⑤

・emergency
「非常［緊急］事態」
・blackout「停電」

☐ **1** ＿＿＿＿＿＿＿＿＿   ☐ **2** ＿＿＿＿＿＿＿＿＿

☐ **3** ＿＿＿＿＿＿＿＿＿   ☐ **4** ＿＿＿＿＿＿＿＿＿

| because | case | how | without |

Unit 3 ~ Project 1

●ヒント

6 次の文を（ ）内の指示にしたがって＿＿に書きかえなさい。

❶ I will visit you if you stay home today. （if を文頭にして）

→ _____

❷ If it rains, I will read a book. （Iを文頭にして）

→ _____

❸ I can't go shopping because I don't have time.
（becauseを文頭に）

→ _____

❹ Because she is kind, I like her. （Iを文頭にして）

→ _____

6 ❌ミスに注意
接続詞が文頭にきたときは，続く節の前にカンマを置く。

7 次の会話で適切な表現を，イラストを参考に英語で書きましょう。

❶ What will you do if it rains tomorrow?

_____

❷ What will you do if you have time tomorrow?

_____

❸ How will be the weather tomorrow?

_____

7 ❌ミスに注意
❶,❷助動詞を何にするか考える。

❽ 次の英文を日本語にしなさい。

☐ **①** I think that he is our new teacher.

(）

☐ **②** I don't like coffee because it's bitter.

(）

☐ **③** We'll get under our desks when an earthquake happens.

(）

❾ 日本語に合う英文になるように，
（ ）内の語句を並べかえなさい。

☐ **①** この時計は古いと思いますか。

(is / this watch /think / you / old / do)?

_____

☐ **②** 明日寒かったら，家にいます。

(will / stay / I / home / it / is / if / cold) tomorrow.

_____

☐ **③** ほとんどの時間くもるでしょう。

(it / of / the day / most / cloudy / will be).

_____

❿ 次の日本語を英文にしなさい。

☐ **①** 部屋を出るときは，電気を消しなさい。（whenを文頭にして）

_____

☐ **②** 疲れていたので私は寝ました。（becauseを文頭にして）

_____

☐ **③** もし明日雨が降ったら，あなたは何をしますか。（Whatを文頭に，
ifを用いて）

_____

Step 3 予想テスト ・・・ **Unit 3 In Case of Emergency ~Project 1** 30分 /100点 目標 80点

❶ 日本語に合う英文になるように，____に適切な語を書きなさい。知 15点（各完答5点）

① ジェームズは一生懸命働いたので疲れている。

James is _____ _____ he worked hard.

② もし明日晴れたら，ビーチに行こう。

_____ it is sunny tomorrow, _____ go to the beach.

③ 災害が起きたときは，何をすべきでしょうか。

What should we do when disasters _____ ?

❷ 日本語に合う英文になるように，（ ）内の語句を並べかえなさい。知 15点（各5点）

① 私は明日買い物に行く予定です。

I (going to / shopping / go / am) tomorrow.

② 美術館の中で食べてはいけません。

You (museum / eat / in / not / must / the).

③ 私たちは先生が疲れていたのを知りませんでした。

We didn't know (our teacher / was / that / tired).

❸ 次の対話文の空所①，②に入れるのに最も適切な語句の記号を解答欄に書きなさい。知

16点（各8点）

Sora: Do you know (①) we'll have a fire drill tomorrow?

Emily: Yes, but what will we do?

Sora: We'll go out of the school building (②) the fire alarm goes off.

Emily: Oh, I see.

① ⑦ when ⑦ who ⑦ that ⑨ how

② ⑦ who ⑦ what ⑦ how ⑨ when

❹ 次の文を読んで，あとの問いに答えなさい。表 29点

Today, I'm (①) to talk about a special park. Last week, I joined an event at the park. I learned about special facilities for emergencies. ②I'm sure you'll be interested in them.

Please look at this picture. This is a kamado bench. ③(like / this / remove / the top / if /you), you can use the bottom (④) a cooking stove. I cooked curry and rice on the stove with the other members. It was delicious!

❶ ①に適切な語を入れなさい。 (4点)

❷ 下線部②を日本語に訳しなさい。 (10点)

❸ ③の（ ）内の語句を正しく並べかえなさい。 (10点)

❹ ④に適切な語を入れなさい。 (5点)

❺ 以下の日本語を英語になおしなさい。 表 25点(各5点)

❶ あなたの懐中電灯を使ってもいいですか。 （canを用いて）

❷ もし疲れていたら，こちらへ来る必要はありません。 （have toを用いて）

❸ 眠かったので，私は家にいました。 （becauseを文頭にして）

❹ この箱を開けてもらえませんか。 （canを用いて）

❺ 私が中学生になったら，制服を着なければいけません。 （whenを文頭に，mustを用いて）

❶	❶		
	❷		
	❸		
❷	❶		
	❷		
	❸		
❸	❶	❷	
❹	❶	❷	
	❸		
	❹		
❺	❶		
	❷		
	❸		
	❹		
	❺		

Step 1 **基本チェック** ● **Unit 4 My Future Dream ~Let's Talk 4** ⏱ 5分

■ 赤シートを使って答えよう！

❶ [動名詞（動詞の-ing形）]

解答欄

☐ ❶ I like [play / playing] soccer with my friends. ❶ _____

☐ ❷ [Talk / Talking] with him is interesting. ❷ _____

☐ ❸ I enjoy [play / playing] the piano every day. ❸ _____

❷ [不定詞：名詞的用法]

☐ ❶ I want [playing / to play] baseball. ❶ _____

☐ ❷ My dream is [be / to be] a baseball player. ❷ _____

☐ ❸ I want [trying / to try] kendo. ❸ _____

❸ [It is ~ ⟨for + 人⟩ + to + 動詞の原形]

☐ ❶ 彼にとって早起きをすることは重要である。 ❶ _____

It is important [for] [him] to get up early.

☐ ❷ 私にとって数学を勉強することは必要である。 ❷ _____

It is necessary [for] [me] to study math. _____

☐ ❸ 私にとって毎朝食事を作ることは難しい。 ❸ _____

It is difficult [for] [me] to cook every morning. _____

POINT ∙∙

❶ [動名詞（動詞の-ing形）]「～すること」という意味で名詞のはたらきをする。

・I like playing soccer. ［私はサッカーをすることが好きです。］

・Reading books is interesting. ［本を読むことは楽しい。］

❷ [不定詞]：名詞的用法⟨to + 動詞の原形⟩「～すること」

・Amy wants to read the book. ［エイミーはその本が読みたい。］
    └動詞wantの目的語になっている→名詞のはたらき

・Her dream is to be a writer. ［彼女の夢は作家になることです。］

❸ [It is ~⟨for + 人⟩ + to + 動詞の原形]：「（人が）…するのは～です」の意味を表す。

・It is important for her to practice writing. ［書くことを練習するのは彼女にとって大切です。］
    └Itはto以下の内容を指す。

22

Step 2 予想問題 | **Unit 4 My future Dream ~Let's Talk 4**

30分
(1ページ10分)

❶ ❶〜❻は単語の意味を，❼〜⓬は日本語を英語になおしなさい。 **ヒント**

☐❶ difficult （　　　　　） ☐❷ novelist （　　　　　）

☐❸ interesting （　　　　　） ☐❹ money （　　　　　）

☐❺ necessary （　　　　　） ☐❻ something （　　　　　）

☐❼ 楽しみ ＿＿＿＿＿＿ ☐❽ 娯楽 ＿＿＿＿＿＿

☐❾ 医者 ＿＿＿＿＿＿ ☐❿ 患者 ＿＿＿＿＿＿

☐⓫ 簡単な ＿＿＿＿＿＿ ☐⓬ 〜だと信じる＿＿＿＿＿＿

❶

❷-ist が語尾につくとある人を表す。

❷ （　）内に入れるのに最も適切な語を，
㋐〜㋓から選んで○で囲みなさい。

☐❶ It is （　　） for me to get up early.
　㋐ last 　㋑ difficult 　㋒ small 　㋓ local

☐❷ The （　　） writes about three books every year.
　㋐ week 　㋑ novelist 　㋒ word 　㋓ sport

☐❸ It is （　　） for me to read old books.
　㋐ tall 　㋑ various 　㋒ interesting 　㋓ only

☐❹ My favorite （　　） is shopping on the weekend.
　㋐ information 　㋑ pastime 　㋒ parade
　㋓ magazine

☐❺ The （　　） are working hard for the patients.
　㋐ scarfs 　㋑ doctors 　㋒ souvenirs 　㋓ mountains

☐❻ My teacher （　　） that we will win.
　㋐ poses 　㋑ believes 　㋒ meets 　㋓ surprises

❷

❶get up は「起きる」。

❹週末にショッピングをするのはどのようなことかを考える。

❻that 節が続いていることを考える。

❸ 次の各組の下線部の発音が同じなら○，
異なれば×を書きなさい。

☐❶ r<u>o</u>bot 　　　　（　　）　☐❷ p<u>a</u>stime 　　　（　　）
　bel<u>o</u>ng 　　　　　　　　　　 tr<u>a</u>nslate

🔎ヒント

❹ 日本語に合う英文になるように，＿＿に適切な語を書きなさい。

□ **❶** 将来何になりたいですか。

What do you want to be ＿＿＿＿＿＿ the future?

□ **❷** 私は英語を日本語に訳しました。

I ＿＿＿＿＿＿ English into Japanese.

❺ 次の (1)(2) に適切な語を下から選びなさい。

My future dream is to be a □① ＿＿＿＿＿＿. I like reading novels. I read two or three books a week. I like thinking □② ＿＿＿＿＿＿ stories, too. I want to write stories in the future. So it is important for me to practice writing.

off	novelist	pianist	of

❻ 次の文を (　) 内の指示にしたがって＿＿に書きかえなさい。

□ **❶** Playing soccer is difficult for me. （It を文頭にして）

→＿＿＿＿＿＿＿＿＿＿＿＿＿＿＿＿＿＿＿＿＿＿

点UP

□ **❷** I want to be a baseball player. （My dream を文頭にして）

→＿＿＿＿＿＿＿＿＿＿＿＿＿＿＿＿＿＿＿＿＿＿

❼ 次の会話で適切な答えをイラストを見て英語で書きましょう。

□ **❶** What sport do you want to try?

＿＿＿＿＿＿＿＿＿＿＿＿＿＿＿＿＿＿＿＿＿＿

□ **❷** What do you want to do this weekend?

＿＿＿＿＿＿＿＿＿＿＿＿＿＿＿＿＿＿＿＿＿＿

❼ ✗ ミスに注意

❶,❷とも want to を用いて答える。

❽ 次の英文を日本語にしなさい。

☐ **❶** I enjoy swimming in summer.

(　　　　　　　　　　　　　　　　　　　　　　　　　)

☐ **❷** Is playing the guitar difficult?

(　　　　　　　　　　　　　　　　　　　　　　　　　)

❾ 日本語に合う英文になるように，
　　(　)内の語句や符号を並べかえなさい。

☐ **❶** 彼と話すことは楽しいです。

(is / him / with / fun / talking) .

―――――――――――――――――――――――― .

☐ **❷** 私の将来の夢は歌手になることです。

(be / future / singer / to / dream / is / my/ a) .

―――――――――――――――――――――――― .

❿ 次の日本語を英文にしなさい。

☐ **❶** 彼の考えのおかげで，私は試合に勝ちました。

(Thanksを文頭にして)

―――――――――――――――――――――――――――

☐ **❷** 私のお気に入りの娯楽はマンガを読むことです。

(pastimeを用いて)

―――――――――――――――――――――――――――

Step 3 **予想テスト** : **Unit 4 My Future Dream ~Let's Talk 4**

⏱ 30分 /100点 目標 80点

❶ 日本語に合う英文になるように，____に適切な語を書きなさい。 知 15点(各完答5点)

① 私にとって長時間泳ぐのは簡単です。

_____ _____ easy for me to swim for a long time.

② 私はピアノを弾くのが好きだ。

I _____ _____ the piano.

③ 私は医者になりたい。

I _____ _____ _____ a doctor.

❷ 日本語に合う英文になるように，（　）内の語句を並べかえなさい。 知 15点(各5点)

① 私は日本文化を勉強することに興味があります。

I am (culture / interested/ Japanese / studying / in).

② ギターを弾くことは私にとってとても楽しい。

(me / to / fun / play / it / is / for / a lot of) the guitar.

③ 私は将来，料理人になりたいです。

(cook / be / in / want / I / to / a) the future.

❸ 次の対話文の①〜③の空所に入れるのに最も適切な語句の記号をそれぞれ選びなさい。 知

15点(各5点)

Chen: Is (　①　) the sax difficult?

Aoi: Yes, it is. (　②　) I practice the sax every day.

Chen: You'll be a good sax player (　③　) the future.

①　㋐ play　　㋑ plays　　㋒ playing　　㋓ to play

②　㋐ So　　㋑ But　　㋒ If　　㋓ After

③　㋐ of　　㋑ about　　㋒ on　　㋓ in

❹ 次の文を読んで，あとの問いに答えなさい。 表 30点

My dream is (　①　) be a doctor or a nurse. I visited my grandmother in the hospital last month. The doctors and nurses were working very hard for the patients. Thanks to them, my grandmother (　②　). ③I want to help people, too.

① ①に適切な語を１語入れなさい。 (5点)

❷ 「病気がよくなった」という意味になるように，②に適切な語を 2 語入れなさい。 (10点)

❸ 下線部③を日本語で訳しなさい。 (15点)

❺ 以下の日本語を英語になおしなさい。 表 　　　　　　　　　　　　25点(各5点)

① 私の父は歌うことが好きです。

② お飲み物は何にしますか。（レストランで，likeを用いて）

③ トマトジュースをお願いします。（レストランで，likeを用いて）

④ 私のお気に入りの娯楽はサイクリングをすることです。

⑤ 私たちにとって規則に従うことは必要だ。（Itを文頭にして）

❶	①		
	②		
	③		
❷	①		
	②		
	③		
❸	①	②	③
❹	①	②	
	③		
❺	①		
	②		
	③		
	④		
	⑤		

Step 1 | **基本チェック** | **Unit 5 Festivals Have Meanings ~Let's Talk 5** | **5分**

■ 赤シートを使って答えよう！

❶ [不定詞：副詞，形容詞用法]　　　　　　　　　　　　　**解答欄**

☐ ❶ I was surprised [see / to see] the big bear.　　　　❶ ＿＿＿＿＿

☐ ❷ He was disappointed [to hear / hearing] the news.　　❷ ＿＿＿＿＿

☐ ❸ Tom went to the station [to meet / meeting] his father.　❸ ＿＿＿＿＿

❷ [不定詞：副詞，形容詞用法]

☐ ❶ 彼は私に会うためにここへ来た。　　　　　　　　　　❶ ＿＿＿＿＿

　　He came here [to] see me.

☐ ❷ 私は試合に勝つために一生懸命練習をした。　　　　　❷ ＿＿＿＿＿

　　I practiced hard [to] [win] the match.　　　　　　　　＿＿＿＿＿

☐ ❸ 彼女はその結果を聞いて嬉しかった。　　　　　　　　❸ ＿＿＿＿＿

　　She was glad [to] [hear] the result.

☐ ❹ メグは今日たくさんするべき仕事がある。　　　　　　❹ ＿＿＿＿＿

　　Meg has a lot of work [to] [do] today.　　　　　　　　＿＿＿＿＿

POINT
....

❶ [不定詞]：副詞用法〈to＋動詞の原形〉

　①「～するために」目的を表すことができる

　　・Tom went to the park to play volleyball. ［トムはバレーボールをするために公園へ行きました。］
　　　　　　　　　　└ 動詞wentを修飾をしている→副詞のはたらき

　　・I will go to the shop to buy a pencil. ［私は鉛筆を買うために店へ行くつもりです。］

　②「～して」感情の原因を表すことができる

　　・I was excited to see the match. ［その試合を見て興奮しました。］
　　　　　　　　　　└ 動詞was excitedを修飾をしている→副詞のはたらき

　　・I was surprised to hear the news. ［私はそのニュースを聞いて驚きました。］

❷ [不定詞]：形容詞用法〈to＋動詞の原形〉

　「～するための…」

　　・I will buy something to eat. ［私は何か食べるものを買ってきます。］
　　　　　　　　　　└ somethingを修飾している→形容詞のはたらき

　　・We have a lot of things to do today. ［私たちは今日やることがたくさんあります。］

Step 2 予想問題 : Unit 5 Festivals Have Meanings ~Let's Talk 5

30分
(1ページ10分)

❶ ❶～❻は単語の意味を，❼～⓬は日本語を英語になおしなさい。 **💡ヒント**

- ☐ ❶ heavy （　　　　　） ☐ ❷ ear （　　　　　）
- ☐ ❸ hear （　　　　　） ☐ ❹ exam （　　　　　）
- ☐ ❺ result （　　　　　） ☐ ❻ hope （　　　　　）
- ☐ ❼ 祈る ＿＿＿＿＿＿ ☐ ❽ 遅く ＿＿＿＿＿＿
- ☐ ❾ びっくりするような ＿＿＿＿＿＿
- ☐ ❿ 集まる ＿＿＿＿＿＿ ☐ ⓫ 興奮した ＿＿＿＿＿＿
- ☐ ⓬ 驚いた ＿＿＿＿＿＿

❶
❷は体の一部。
⓫⓬語尾に-edがつく。

❷ （　）内に入れるのに最も適切な語を，
㋐～㋓から選んで〇で囲みなさい。

- ☐ ❶ My bag has a lot of books and it is very （　　　）.
   ㋐ heavy ㋑ last ㋒ near ㋓ tall
- ☐ ❷ Rabbits have long （　　　）.
   ㋐ cranes ㋑ dinners ㋒ ears ㋓ sports
- ☐ ❸ *A:* Can I （　　　）your ideas?
   B: OK!
   ㋐ make ㋑ hear ㋒ happen ㋓ raise
- ☐ ❹ I am studying hard for the next （　　　）.
   ㋐ exam ㋑ picture ㋒ mirror ㋓ light
- ☐ ❺ The students （　　　）in the gym.
   ㋐ followed ㋑ gathered ㋒ saved ㋓ missed
- ☐ ❻ I am （　　　）to see you here.
   ㋐ raw ㋑ surprised ㋒ round ㋓ public

❷
❺生徒たちが体育館で
何をするのかを考え
る。
❻感情を表す語。

❸ 次の語で最も強く発音する部分の記号を答えなさい。

- ☐ ❶ ex-am （　　　） ☐ ❷ cel-e-brate （　　　）
   ア イ ア イ ウ

Unit 5 ~ Let's Talk 5

④ 日本語に合う英文になるように，＿＿＿に適切な語を書きなさい。

□ ❶ 私はすぐにそれをやります。

I will do that ＿＿＿＿＿＿＿ away.

□ ❷ 私は昨日遅くまで起きていました。

I stayed ＿＿＿＿＿＿＿ late last night.

⑤ 次の▢に適切な語を下から選びなさい。

The Akita Kanto Festival is a famous summer festival. People hold the festival to pray □① ＿＿＿＿＿＿＿ a good harvest. The performers raise *kanto*, long poles with many lanterns. It is very difficult to raise them because they are long and heavy. *Kanto* poles look □② ＿＿＿＿＿＿＿ ears of rice.

for	on	like	to

⑥ 次の文を（　）内の指示にしたがって＿＿＿に書きかえなさい。

□ ❶ I stayed up late. I did my homework.　(toを用いて1文にする)

→ ＿＿＿＿＿＿＿＿＿＿＿＿＿＿＿＿＿＿＿＿＿＿＿＿＿＿＿

□ ❷ I heard the news. I was surprised.　(toを用いて1文にする)

→ ＿＿＿＿＿＿＿＿＿＿＿＿＿＿＿＿＿＿＿＿＿＿＿＿＿＿＿

点UP

⑦ 次の質問の答えをsomethingを用いてイラストを見て英語で書きましょう。

What do you want?

□ ❶

＿＿＿＿＿＿＿＿＿＿＿＿＿＿＿＿＿＿＿＿＿＿＿

□ ❷

＿＿＿＿＿＿＿＿＿＿＿＿＿＿＿＿＿＿＿＿＿＿＿

❹
❶「すぐに」を表す語句を考える。

❺
・famous「有名な」
・harvest「収穫」

❼
❶は「何か読むもの」
❷は「何か飲むもの」と考える。

❽ 次の英文を日本語にしなさい。

☐ **❶** We were happy to get the first prize.

(　　　　　　　　　　　　　　　　　　　　　　　　　)

☐ **❷** I bought a book to read on the train.

(　　　　　　　　　　　　　　　　　　　　　　　　　)

❽first prizeは「優勝」という意味。

❾ 日本語に合う英文になるように，
（　）内の語句や符号を並べかえなさい。

点UP ☐ **❶** 私は結果を知って嬉しかった。

(know / glad / was / result / I / to / the) .

_____ .

☐ **❷** 私は日本語を勉強するためにここに来ました。

(study / came / here / Japanese / I / to) .

_____ .

❾
❶「～して」，❷「～するため」をtoで表す。

Unit 5 ～ Let's Talk 5

❿ 次の日本語を英文にしなさい。

☐ **❶** 私は読書をするために遅くまで起きていました。

_____

点UP ☐ **❷** あなたに見せる写真がたくさんあります。

_____

❿
❶「～するために」，❷「～するための」をどのように訳すか考えよう。

| Step 3 | 予想テスト | Unit 5 Festivals Have Meanings ~Let's Talk 5 | 30分 | /100点 目標80点 |

❶ 日本語に合う英文になるように，＿＿に適切な語を書きなさい。 知　15点（各完答5点）

❶ 私は彼に会って驚きました。

I ＿＿＿＿ ＿＿＿＿ to see him.

❷ 彼は本を買いに本屋に行きました。

He went to the book shop ＿＿＿＿ ＿＿＿＿ some books.

❸ 私は寝るために電気を消しました。

I turned off the light ＿＿＿＿ ＿＿＿＿.

❷ 日本語に合う英文になるように，（ ）内の語句を並べかえなさい。 知　15点（各5点）

❶ 何か食べるものを買ってきます。　I will (to / something / eat / buy) .

❷ あなたのパスポートを拝見できますか。

(passport / your / me / you / show/ could) , please?

❸ 私は明日やることがたくさんある。

(do / things / I / have / to / a lot of) tomorrow .

❸ 次の対話文の①～③の空所に入れるのに最も適切な語の記号を選びなさい。 知　15点（各5点）

A: Excuse me, (①) you bring me some water, please?

B: Of course. Anything (②)?

A: Could I have another blanket, please?

B: Certainly. I'll bring them right (③).

① ㋐ are　㋑ must　㋒ could　㋓ were

② ㋐ more　㋑ even　㋒ else　㋓ first

③ ㋐ of　㋑ about　㋒ away　㋓ in

❹ 次の文を読んで，あとの問いに答えなさい。 知 表　20点

①People are excited to see fireworks in summer. They enjoy the beautiful colors and big sounds. (②), fireworks are not just entertainment. Some fireworks have special meanings.

The Nagaoka Festival is a big summer event in Nagaoka, Niigata. From August 1st (③) 3rd, one million people come to see the festival every year.

① 下線部①を日本語で訳しなさい。 (10点)

② 「しかしながら」という意味になるように，②に適切な語を1語入れなさい。 (5点)

③ ③に適切な語を1語入れなさい。 (5点)

5 **以下の日本語を英語になおしなさい。**表 35点(各7点)

① 私はこの映画を見て興奮しました。

② おじに会うために東京へ行きました。

③ 私は昨日英語を勉強するために早起きをしました。

④ 何か食べるものが欲しいです。（somethingを用いて）

⑤ 私に何か飲むものをいただけますか。（Couldを文頭にして）

❶	①		
	②		
	③		
❷	①		
	②		
	③		
❸	①	②	③
❹	①		②
	③		
❺	①		
	②		
	③		
	④		
	⑤		

Step 1 **基本チェック** : **Unit 6 Unique Animals ~Project 2**

5分

■ 赤シートを使って答えよう！

① [動詞 + A]

解答欄

☐ ❶ あなたは悲しそうに見えます。

You [look] sad.

☐ ❷ ソラは興奮しているようです。

Sora [looks] excited.

☐ ❸ 私は空腹を感じます。

I [feel] hungry.

☐ ❹ このパンケーキはおいしいです。

This pancake [tastes] good.

☐ ❺ タナカ先生と話すとき，私は緊張します。

I [feel] nervous when I talk to Mr. Tanaka.

❶ _____

❷ _____

❸ _____

❹ _____

❺ _____

POINT

① [動詞 + A]

〈look + A (形容詞)〉「A (形容詞)に見える」

・Sea otters <u>look</u> <u>shy</u>. ［ラッコは恥ずかしがっているように見えます。］
        └動詞 └A(形容詞)

〈look + A (形容詞)〉の形をとる動詞

look + A	Aに見える	feel + A	Aだと感じる，思う
taste + A	Aの味がする	get + A	A (ある状態)になる
become + A	Aになる		

■ 赤シートを使って答えよう！

❶ [giveなど + A + B]

□ **❶** 私は彼に本をあげるつもりです。

　I will give [him] a [book].

❶ _____

□ **❷** 私にポストカードを送ってください。

　Send [me] a [postcard].

❷ _____

□ **❸** 母が私に辞書を買ってくれました。

　My mother bought [me] a [dictionary].

❸ _____

❷ [callなど + A + B]

□ **❶** 人々は彼をビルと呼びます。

　People call [him] [Bill].

❶ _____

POINT ....

❶ [giveなど + A + B]

〈give + A（人）+ B（もの）〉「A（人）にB（もの）をあげる」

・Bees <u>give</u> <u>us</u> <u>honey</u>.　[ハチは私たちにハチミツを与えてくれます。]
　　　　└動詞└A（人）└B（もの）

〈動詞 + A（人）+ B（もの）〉の形をとる動詞

toを用いて書きかえる動詞	
give + A + B	AにBをあげる
show + A + B	AにBを見せる，示す
tell + A + B	AにBを話す
send + A + B	AにBを送る
bring + A + B	AにBを持ってくる

forを用いて書きかえる動詞	
buy + A + B	AにBを買う

❷ [callなど + A + B]

〈call + A（人・もの）+ B（名前）〉「A（人・もの）をB（名前）と呼ぶ」

・We <u>call</u> <u>it</u> <u>a sea angel</u>.　[私たちはそれを海の天使と呼びます。]
　　　└動詞└A（人・もの）└B（名前）

Step 2 予想問題 ● Unit 6 Unique Animals
～Project 2

40分
(1ページ10分)

❶ ❶～❻は単語の意味を書き，❼～⓬は日本語を英語にしなさい。

☐❶ bee （   ） ☐❷ stop （   ）

☐❸ person （   ） ☐❹ leaf （   ）

☐❺ lazy （   ） ☐❻ shy （   ）

☐❼ 頭 ＿＿＿＿＿ ☐❽ 目 ＿＿＿＿＿

☐❾ 鼻 ＿＿＿＿＿ ☐❿ もの，こと ＿＿＿＿＿

☐⓫ 体 ＿＿＿＿＿ ☐⓬ 分 ＿＿＿＿＿

ヒント

❶
❸ people「人々」もいっしょに覚えよう。
❺,❻はどちらも形容詞。
⓬ hour「時間」もいっしょに覚えよう。

❷ 次の語で最も強く発音する部分の記号を答えなさい。

☐❶ star-fish （   ） ☐❷ cu-cum-ber （   ）
　　ア　イ 　　　　　　　　　　ア　イ　ウ

☐❸ pas-sen-ger （   ） ☐❹ di-gest （   ）
　　ア　イ　ウ 　　　　　　　　ア　イ

❷
❹「～を消化する」という意味。

❸ （ ）内に入れるのに最も適切な語を，
　　㋐～㋓から選んで〇で囲みなさい。

☐❶ The male lion is a （   ） of the zoo. Everyone comes here to see him.
　　㋐ star　㋑ hive　㋒ shrine　㋓ wing

☐❷ A lot of （   ） are waiting at the gate for the flight.
　　㋐ departures　㋑ directions
　　㋒ passengers　㋓ cucumbers

☐❸ I have a lot of （   ） to study English. First, I want to study abroad.
　　㋐ reasons　㋑ toys　㋒ trainers　㋓ demons

☐❹ Mike's life looks （   ）, but actually he's very busy.
　　㋐ nervous　㋑ living　㋒ scary　㋓ slow

☐❺ We can catch a lot of （   ） in this river.
　　㋐ fish　㋑ monkeys　㋒ eagles　㋓ predators

☐❻ A: This （   ） was very easy.
　　B: Really? It was really difficult for me.
　　㋐ stomach　㋑ paw　㋒ problem　㋓ muscle

❸

❷ at the gate「搭乗口で」待つのはどんな人たちか考える。

❹ busy は「いそがしい」という意味。

💡ヒント

❹ 日本語に合う英文になるように，____に適切な語を書きなさい。

□❶ ラッコはときどき手をつなぎます。

Sea otters sometimes _____ paws.

□❷ バスは20分ごとに来ます。

The buses come _____ _____ _____.

□❸ ソンクラーンについて知っていますか。

Do you _____ _____ Songkran?

□❹ ところで，あなたはアニメが好きですか。

_____ _____ _____, do you like anime?

□❺ サクラ遊園地へようこそ。

_____ _____ Sakura Amusement Park.

❺ 次の日本語に合うように，☐内から動詞を選び，適切な形にかえて書きなさい。

□❶ 私の母はとても幸せそうに見えました。

My mother _____ very happy.

□❷ このフルーツパイはおいしいです。

This fruit pie _____ good.

□❸ 私は眠気を感じます。

I _____ sleepy.

□❹ ケンは怒りました。

Ken _____ angry.

taste　　look　　feel　　get

❻ 次の英文を，（ ）内の指示にしたがって書きかえなさい。

□❶ Hiroshi bought a handkerchief for Bruno.

（同じ意味を表す5語の英語にかえて）

_____

□❷ I'll show the pictures to you. （同じ意味を表す5語の英語にかえて）

_____

❹
❶「(手)をつなぐ」を表す動詞は何か。

❺
どれも〈動詞＋A(形容詞)〉の形。
be動詞と同じように，主語＝形容詞の関係になっていることに注意。

Unit 6 ～ Project 2

❻
❶，❷どちらも〈動詞＋A(人)＋B(もの)〉の形に書きかえる。

7 次の文に対する応答として適切なものを，
（　）内の指示にしたがって英語で書きなさい。

ヒント

7

②

5 語で答えるには，
〈動詞＋A（人）＋B（も
の）〉の形を使おう。

□ **①** What do you call the animal?　（絵を見て5語で答える）

_____

□ **②** What will Ai give Taro?　（絵を見て5語で答える）

_____

□ **③** How does Ryo feel when he talks to Maya on the phone?
（絵を見て3語で答える）

_____

8 次の英文を日本語にしなさい。

□ **①** Horses sleep for only three hours a day.
（　　　　　　　　　　　　　　　　　　　　　　　　　）

□ **②** This apple looked good, but actually, it tasted bad.
（　　　　　　　　　　　　　　　　　　　　　　　　　）

□ **③** I eat fruit like apples and bananas for breakfast.
（　　　　　　　　　　　　　　　　　　　　　　　　　）

8

② actually は「実際に
は」という意味。

❾ 次の日本語に合う英文になるように、( )内の語句を並べかえなさい。

☐❶ 私はあとであなたにEメールを送ります。
(e-mail / send / I'll / an / you) later.
_____ later.

☐❷ 私はトムにこのネクタイを買いました。
(Tom / I / this / bought / tie).
_____.

☐❸ どのバスがアサヒ博物館に行きますか。
(bus / goes / Asahi Museum / which / to)?
_____?

☐❹ その歌手は人気になるでしょう。
(popular / singer / that / become / will).
_____.

☐❺ 電車はどのくらいの頻度で来ますか。
(often / the trains / do / how / come)?
_____?

❿ 次の日本語に合う英文を、( )内の語数で書きなさい。

☐❶ 私たちはそれをウルル(Uluru)と呼びます。(4語)
_____

☐❷ 彼らは興奮しているように見えました。(3語)
_____

☐❸ 彼は私にこの花をくれました。(5語)
_____

☐❹ 私に何か飲むものを持ってきてください。(6語)
_____

🔵ヒント

❾ ❌ ミスに注意
❶❷〈動詞＋A＋B〉の形をとる動詞。( )内に前置詞があるかどうかで，語順を判断しよう。

❹〈become＋形容詞〉で「になる」という意味。

❿
❸5語なので，〈動詞＋A(人)＋B(もの)〉の形にする。

Step 3 予想テスト : **Unit 6 Unique Animals ~Project 2**

30分 目標80点 /100点

❶ 日本語に合う英文になるように，____に適切な語を書きなさい。[知]　15点(各完答5点)

❶ 雨は雪に変わりました。

The rain _____ _____ snow.

❷ 私は今はもうバイオリンを演奏しません。

I don't play the violin _____.

❸ アヤは怒っているように見えますが，ただお腹が空いているだけです。

Aya _____ _____, but she's just hungry.

❷ 日本語に合う英文になるように，（　）内の語句を並べかえなさい。[知]　15点(各5点)

❶ このリンゴはおいしいです。(delicious / this / apple / tastes).

❷ 私はあなたにおもしろい物語を話します。(tell / story / I'll / you / a / funny).

❸ 見た目で人を判断しはいけません。(judge / their looks / by / people / don't).

❸ 次の対話文の①，②の空所に入れるのに最も適切な文をア～エから選び，

記号で答えなさい。[知]　10点(各5点)

A: Excuse me. (　①　)

B: Let me see. Take No. 10. Kaede Museum is the fourth stop.

A: How often does the bus come?

B: (　②　)

①　㋐ Where is the bus stop?　㋑ Which bus goes to Kaede Museum?

　　㋒ Which do you recommend, a bus or train?　㋓ How can I get to Sakura Zoo?

②　㋐ They don't go to the amusement park.　㋑ They pick up passengers here.

　　㋒ They are free.　㋓ It comes every thirty minutes.

❹ 次の英文を読んで，あとの問いに答えなさい。[知][表]　20点

①(give / honey / bees / us). They make honey from the nectar of flowers. When they find nectar, they return to their hives and start to dance ②(　　) a figure eight. Their dance shows other bees the direction and distance to the nectar.

❶ 下線部①の(　)内の語を正しく並べかえなさい。　(8点)

❷ 下線部②が「8の字の形で」となるように，(　)に適切な語を書きなさい。　(4点)

❸ 英文の内容についての次の質問に，（　）内の語数の英語で答えなさい。　　　　（8点）

What does the bees' dance show?　（9語）

❺ 次の日本語を日本語にしなさい。表　　　　　　　　　　40点（各10点）

❶ あなたは疲れているように見えます。　（tiredを用いて）

❷ あなたのノートを見せてくれますか。　（notebookを用いて）

❸ 私は私たちのイヌをビルと呼びます。　（Billを用いて）

❹ ナマケモノは1日に20時間寝ます。　（slothsを用いて）

❶	❶		
	❷		
	❸		
❷	❶		
	❷		
	❸		
❸	❶	❷	
❹	❶		
	❷		
	❸		
❺	❶		
	❷		
	❸		
	❹		

Step 1 基本チェック ● ● ● Unit 7 Let's Compare ～Let's Talk 7

5分

■ 赤シートを使って答えよう！

❶ [比較級(-er)・最上級(-est)]

解答欄

☐ **❶** You are [tall / taller / tallest] than Donna.

☐ **❷** That river is the [long / longer / longest] in Japan.

☐ **❸** Tokyo Tower is [high / higher / highest] than Goryokaku Tower.

☐ **❹** Kita Park is the [large / larger / largest] park in the city.

☐ **❺** Nana is the [young / younger / youngest] student in my class.

☐ **❻** Ken swims [fast / faster / fastest] than Mike.

❶
❷
❸
❹
❺
❻

POINT

❶ [比較級(-er)・最上級(-est)]「～よりも…」「～のうちでいちばん…」

①比較級(-er)：〈形容詞・副詞 + -er + than ～〉

Emily is young. ［エミリーは若いです。］

・Emily is <u>younger than</u> Lily. ［エミリーはリリーより若いです。］
　　　└─〈形容詞 + -er + than ～〉

Max runs fast. ［マックスは速く走ります。］

・Max runs <u>faster than</u> Taro. ［マックスはタロウよりも速く走ります。］
　　　└─〈副詞 + -er + than ～〉

②最上級(-est)：〈the + 形容詞・副詞 + -est + of [in] …〉

・Emily is <u>the youngest</u> of the three. ［エミリーは3人の中でいちばん若いです。］
　　　└─〈the + 形容詞 + -est〉

■ 赤シートを使って答えよう！

❶ [比較級(more)・最上級(most)]

解答欄

□**❶** Question 1 is [more] difficult than Question 2.

❶ ＿＿＿＿

□**❷** This movie is the [most] [popular] of the five.

❷ ＿＿＿＿

❷ [同等比較]

□**❶** ケンは私の姉と同じ年です。

❶ ＿＿＿＿

Ken is as [old / older / oldest] as my sister.

□**❷** 私は父と同じくらい早く起きます。

❷ ＿＿＿＿

I get up as [early / earlier / earliest] as my father.

POINT

❶ つづりの長い形容詞や副詞の場合[比較級(more)・最上級(most)]「〜よりも…」「〜のうちでいちばん…」

①比較級(more)：〈more＋形容詞・副詞＋than 〜〉

Soccer is popular.　[サッカーは人気があります。]

・Soccer is more popular than basketball in my class.

[サッカーは私のクラスでバスケットボールより人気があります。]

②最上級(most)：〈the most＋形容詞・副詞＋of [in] 〜〉

・Soccer is the most popular sport in my class.

[サッカーは私のクラスでいちばん人気があるスポーツです。]

❷ [同等比較]

①〈as＋形容詞・副詞＋as 〜〉「〜と同じくらい…」

My bag is big.　[私のバッグは大きいです。]

・My bag is as big as yours.　[私のバッグはあなたのものと同じくらい大きいです。]
　　　　　　　└〈as＋形容詞＋as〉

Max runs fast.　[マックスは速く走ります。]

・Max runs as fast as Emily.　[マックスはエミリーと同じくらい早く走ります。]
　　　　　　└〈as＋副詞＋as〉

②〈not＋as＋形容詞・副詞＋as 〜〉「〜ほど…でない」

as ... as 〜を否定文で使うと，「〜ほど…でない」の意味になる。

・My bag is not as big as yours.　[私のバッグはあなたのものほど大きくありません。]
　　　　　└as ... as 〜の前にnotを置く

Unit 7 〜 Let's Talk 7

43

Step 2 予想問題 · Unit 7 Let's Compare ~Let's Talk 7

60分
(1ページ15分)

❶ ❶～❽は単語の意味を書き，❾～⓰は日本語を英語にしなさい。 💡ヒント

- ☐ ❶ survey （　　　　　　）
- ☐ ❷ rose （　　　　　　）
- ☐ ❸ average （　　　　　　）
- ☐ ❹ guess （　　　　　　）
- ☐ ❺ include （　　　　　　）
- ☐ ❻ compare （　　　　　　）
- ☐ ❼ diet （　　　　　　）
- ☐ ❽ jump （　　　　　　）
- ☐ ❾ クラス，学級 ＿＿＿＿＿＿
- ☐ ❿ カメ ＿＿＿＿＿＿
- ☐ ⓫ (衣服の)コート ＿＿＿＿＿＿
- ☐ ⓬ セーター ＿＿＿＿＿＿
- ☐ ⓭ (高さ・温度・値段などが)高い ＿＿＿＿＿＿
- ☐ ⓮ 硬貨 ＿＿＿＿＿＿
- ☐ ⓯ リスト，一覧表 ＿＿＿＿＿＿
- ☐ ⓰ 軽い ＿＿＿＿＿＿

❶
❸カタカナで日本語にもなっている語。
⓫，⓬はカタカナ読みとつづりや発音の違いを確認しよう。

❷ 次の語で最も強く発音する部分の記号を答えなさい。

- ☐ ❶ foot-ball （　　　　）
  　ア　イ
- ☐ ❷ Swit-zer-land （　　　　）
  　　ア　イ　ウ
- ☐ ❸ Eu-ro-pe-an （　　　　）
  　ア イ ウ エ
- ☐ ❹ jack-et （　　　　）
  　　ア　イ
- ☐ ❺ sur-vey （　　　　）
  　ア　イ
- ☐ ❻ av-e-rage （　　　　）
  　　ア イ ウ

❷
❸日本語の「ヨーロピアン」とはアクセントの位置が違う。
❺は名詞。

❸ （　）内に入れるのに最も適切な語を，ア～エから選んで〇で囲みなさい。

- ☐ ❶ This is the （　　） of the players' names.
  　㋐ list　㋑ area　㋒ rose　㋓ reason
- ☐ ❷ Ai （　　） the ball very well.
  　㋐ included　㋑ guessed　㋒ differed　㋓ dribbled
- ☐ ❸ It is important for me to have a healthy （　　）.
  　㋐ survey　㋑ ranking　㋒ diet　㋓ expectancy

❸
❸healthy は「健康的な」という意味。

💡ヒント

❹ 日本語に合う英文になるように，＿＿＿に適切な語を書きなさい。

□❶ 私はよい友だちを持つことが幸せな人生の秘訣だと思います。

I think having good friends is the ＿＿＿＿＿＿ ＿＿＿＿＿＿ a happy life.

□❷ いらっしゃいませ[何かご用でしょうか]。

＿＿＿＿＿＿ ＿＿＿＿＿＿ ＿＿＿＿＿＿ you?

□❸ このくつを試着してもいいですか。

Can I ＿＿＿＿＿ these shoes ＿＿＿＿＿ ?

□❹ そのセーターは大きすぎます。

The sweater is ＿＿＿＿＿ ＿＿＿＿＿.

□❺ この本は若い人々の間で人気があります。

This book is ＿＿＿＿＿ ＿＿＿＿＿ young people.

❹
❷「～を手伝う，助ける」という意味の動詞を使った表現。

❺ 次の文の（ ）内の語を必要であれば適切な形にかえて書きなさい。ただし，１語とは限りません。

□❶ My mother is (busy) than my father. ＿＿＿＿＿＿

□❷ Japanese is as (difficult) as math for Mike. ＿＿＿＿＿

□❸ Summer is the (hot) season in Japan. ＿＿＿＿＿

□❹ This flower is the (beautiful) in this garden. ＿＿＿＿＿

❺
注意すべき，-er,
-estのつけ方
・eで終わる語
→r, stをつける
・〈短母音＋子音字〉で
終わる語
→最後の文字を重ねて
＋er, est
・〈子音字＋y〉で終わ
る語
→yをiにかえて＋er,
est

❻ 次の英文を，（ ）内の指示にしたがって書きかえなさい。

□❶ Takeshi's dog is big.（「私のよりも」という意味を加えて）

＿＿＿＿＿＿＿＿＿＿＿＿＿＿＿＿＿＿＿＿＿＿＿＿＿＿

□❷ This room is expensive.

（「ホテルの中でいちばん」という意味を加えて）

＿＿＿＿＿＿＿＿＿＿＿＿＿＿＿＿＿＿＿＿＿＿＿＿＿＿

□❸ This book is interesting.

（「あの本と同じくらい」という意味を加えて）

＿＿＿＿＿＿＿＿＿＿＿＿＿＿＿＿＿＿＿＿＿＿＿＿＿＿

□❹ That is a famous song.

（「日本でいちばん」という意味を加えて）

＿＿＿＿＿＿＿＿＿＿＿＿＿＿＿＿＿＿＿＿＿＿＿＿＿＿

Unit 7 ～ Let's Talk 7

❻
❹famousのようにつづりの長い語は，語尾に-er, -estをつけずに違う変化をする

❼ 日本語に合う英文になるように，＿＿＿に適切な語を書きなさい。

❶ あの建物はこの建物ほど高くありません。

That building is ＿＿＿＿＿＿ ＿＿＿＿＿＿ high as this one.

❷ あなたにとって何がいちばん役に立つものですか。—この辞書です。

What is the ＿＿＿＿＿＿ ＿＿＿＿＿＿ thing for you?
—This dictionary is.

❸ 東京と沖縄では，どちらが広いですか。—沖縄です。

Which is ＿＿＿＿＿＿, Tokyo ＿＿＿＿＿＿ Okinawa?
—Okinawa is.

❽ 次の文に対する応答として適切なものを，（ ）内を参考に英語で書きなさい。

❶ Is Yuka taller than Aki? （絵を見てAkiにつづけて5語で答える）
No, she isn't.
Aki＿＿＿＿＿＿＿＿＿＿＿＿＿＿＿＿＿＿＿＿＿＿.

❷ Is Taro taller than Ryo?
（Ryoの背について，与えられた語を用いて答える）
No, he isn't.
Ryo ＿＿＿＿＿＿＿＿＿＿＿＿＿＿＿＿＿＿ four.

❸ Who is the shortest? （絵を見て2語で答える）

＿＿＿＿＿＿＿＿＿＿＿＿＿＿＿＿＿＿＿＿

9 次の英文を日本語にしなさい。

☐ **❶** In this survey, Japan is the most popular place to visit.
( )

☐ **❷** Maya's bag is lighter than mine.
( )

☐ **❸** Do you have a smaller one?
( )

10 次の日本語に合う英文になるように，（ ）内の語句を並べかえなさい。ただし，不要な語が1語含まれています。

☐ **❶** マイはドナよりも速く泳ぐことができます。
(Donna / Mai / fastest / than / can / faster / swim).
_____.

☐ **❷** このマンガは3つのうちでいちばん興味深いです。
(more / interesting / the / this manga / most / is) of the three.
_____ of the three.

☐ **❸** その図書館は私たちの学校と同じくらい新しいです。
(new / our / more / the library / as / is / school / as).
_____.

11 次の日本語を英文にしなさい。

☐ **❶** 私は私の弟と同じくらい長く眠ります。（sleepを用いて）
_____

☐ **❷** 私にとっていちばん大切なものは家族です。（toを用いて）
_____

☐ **❸** ロシアは世界でいちばん大きな国です。（Russiaを用いて）
_____

9
❶place to visitは直訳すると「訪れるための場所」という意味。

10
❶副詞の比較級を使う問題。

11
❶「～と同じくらい…」は〈as＋形容詞・副詞＋as ～〉の形で表す。

Unit 7 ～ Let's Talk 7

Step 3 予想テスト : Unit 7 Let's Compare ~Let's Talk 7

30分　目標80点　/100点

❶ 日本語に合う英文になるように，＿＿＿に適切な語を書きなさい。 知　15点（各完答5点）

❶ そのテレビ番組は男の子と女の子と両方の間で人気があります。

That TV program is popular among ＿＿＿ boys ＿＿＿ girls.

❷ これらの国は，ベトナムとインドネシアを含みます。

These countries ＿＿＿ Vietnam and Indonesia.

❸ 人気のある日本食は国によってちがいます。

Popular Japanese food ＿＿＿ ＿＿＿ country ＿＿＿ country.

❷ 日本語に合う英文になるように，（　）内の語句を並べかえなさい。 知　15点（各5点）

❶ 問題2は問題1よりも難しかったです。

(Question 1 / Question 2 / than / difficult / was / more).

❷ 世界でいちばん長い川は何ですか。

(longest / in / the / what / river / is / world / the)?

❸ 私は，テニスはいちばんわくわくさせるスポーツだと思います。

(is / think / sport / tennis / exciting / I / the / most).

❸ 次の対話文について，空所①，②に入れるのに最も適切な文をそれぞれア～エから選び，記号で答えなさい。 知　10点（各5点）

A: Hi. (　①　)
B: Yes. I'm looking for a hat.
A: How about this one?
B: It's cool. (　②　)
A: Sure.

①　㋐ Anything else?　㋑ May I help you?　㋒ What's wrong?
　　㋓ Did you find the hat?

②　㋐ I'd love to.　㋑ How much is it?　㋒ What's up?　㋓ Can I try it on?

❹ 次の英文を読んで，あとの問いに答えなさい。 知 表　30点

Emily: Look at this table. This is a list of countries by area.
Sora: Russia is the ①(large) in the world. Oh, Canada is the second. I didn't know ②that.
Emily: Canada is ③(large) than the USA and China.

Sora: ④What is the smallest country?

Emily: Vatican City!

❶ 下線部①，③の（　）内の形容詞を適切な形に直して書きなさい。 （各5点）

❷ 下線部②の内容が指す内容を，日本語で書きなさい。 （10点）

❸ 下線部④を日本語にしなさい。 （10点）

❺ 次の表を見て，例を参考に，❶〜❸の指示にしたがって，英文を書きなさい。表 30点（各10点）

ユカ（Yuka）について			
難しい教科		興味深い教科	
1	数学	1	国語
2	英語	2	理科
3	社会	3	数学
4	理科	4	英語
5	国語	5	社会

例　Yuka thinks Japanese is the easiest of the five.

❶ ユカがいちばん難しいと思っている教科について書く。

❷ ユカがいちばん興味深いと思っている教科について書く。

❸ 2つの教科を比較した文を書く。

❶	①		
	②		
	③		
❷	①		
	②		
	③		
❸	①	②	
❹	❶ ①	③	
	②		
	③		
❺	①		
	②		
	③		

Step 1 基本チェック ● Unit 8 Working Overseas ～Project 3

5分

■ 赤シートを使って答えよう！

［受け身］

解答欄

□ ❶ これらのコンピューターは毎日使われます。

These computers are [used] every day.

❶ _____

□ ❷ その図書館は2000年に建てられました。

The library [was] [built] in 2000.

❷ _____

□ ❸ 英語はこの国で話されていますか。

[Is] English [spoken] in this country?

❸ _____

□ ❹ この映画は日本で作られませんでした。

This movie [was] [not] made in Japan.

❹ _____

□ ❺ あのケーキはミカによって作られました。

That cake [was] made [by] Mika.

❺ _____

POINT

［受け身］〈be動詞＋動詞の過去分詞〉「～される」

❶ 受け身の文（肯定文）

ふつうの文

We clean the room every day. ［私たちは毎日その部屋を掃除します。］

受け身の文

The room is cleaned every day. ［その部屋は毎日掃除されます。］

❷ 疑問文：〈be動詞＋主語＋動詞の過去分詞形 ～?〉

・Is the room cleaned every day? ——Yes, it is. / No, it isn't.

　└be動詞を主語の前に出す　　　　　　　　　└be動詞を使って答える

［その部屋は毎日掃除されますか。］——［はい，されます。／いいえ，されません。］

❸ 否定文：〈be動詞＋not＋動詞の過去分詞形〉

・The room is not [isn't] cleaned every day. ［その部屋は毎日掃除されません。］

　　　　└be動詞のあとにnotを置く

❹ by ～「～によって」の文

・The room was cleaned by Koji. ［その部屋はコウジによって掃除されました。］

　　　　　　　　└by ～でその行為をした人を表す

■ 赤シートを使って答えよう！

[助動詞を含む受け身]　　　　　　　　　　　　　　　　　解答欄

□ ❶ この市では多くの古い建物が見られます。　　　　　　❶ _____

A lot of old buildings [can] [be] seen in this city. _____

□ ❷ この木の葉は料理のために使われます。　　　　　　　❷ _____

The leaves of this tree [can] [be] [used] for cooking.

□ ❸ 車はすぐに修理されるでしょう。　　　　　　　　　　❸ _____

The car [will] [be] repaired soon.

□ ❹ この教室は夏休みの間使われないでしょう。　　　　　❹ _____

This classroom [will] [not] be used during summer vacation.

POINT ....

[助動詞を含む受け身]

　助動詞と受け身をいっしょに使うときは，〈助動詞＋be＋動詞の過去分詞〉の形にする。

❶ 〈can be＋動詞の過去分詞〉「～されることができる」

・These shoes <u>can be washed</u> at home.　[このくつは家で洗うことができます。]
　　　　　　　　└〈can＋be＋動詞の過去分詞〉の形

疑問文

・<u>Can</u> these shoes be washed at home?　[このくつは家で洗うことができますか。]
　└canを主語の前に出す

否定文

・These shoes <u>cannot</u> be washed at home.　[このくつは家で洗うことができません。]
　　　　　　　　└canのあとにnotを置く

❷ 〈will be＋動詞の過去分詞〉「～されるだろう」

・This picture will be sold at a high price.　[この絵は高い値段で売られるだろう。]

Step 2 予想問題 | **Unit 8 Working Overseas ~Project 3**

60分
(1ページ15分)

❶ ❶～❻は単語の意味を書き，❼～⓬は日本語を英語にしなさい。 💡ヒント

☐❶ fairy （　　　　　） ☐❷ goods （　　　　　）

☐❸ ancient （　　　　　） ☐❹ smell （　　　　　）

☐❺ trade （　　　　　） ☐❻ kill （　　　　　）

☐❼ インタビュー_____ ☐❽ 城 _____

☐❾ 車，自動車 _____ ☐❿ ボランティア_____

☐⓫ メッセージ _____ ☐⓬ 女性，淑女 _____

❶

❸はつづりとともに発音にも注意して覚えよう。

⓬ gentleman「男性，紳士」もあわせて覚えよう。

❷ 次の各組の下線部の発音が同じなら○，
異なれば×を書きなさい。

☐❶ ph<u>o</u>to （　　　） ☐❷ pl<u>ea</u>sure （　　　）
　　 l<u>o</u>ve 　　　　　　　　　　　 sm<u>e</u>ll

❷

❶日本語になっている語の発音には注意。

❸ （　）内に入れるのに最も適切な語を，
㋐～㋓から選んで○で囲みなさい。

☐❶ I could not hear your voice because the room was too （　　）.
　　 ㋐ ancient　㋑ noisy　㋒ wild　㋓ electric

☐❷ I was （　　） to Mr. Sato's house.
　　 ㋐ protected　㋑ invited　㋒ delivered　㋓ sniffed

☐❸ New York is visited by a lot of （　　）.
　　 ㋐ tourists　㋑ ivory　㋒ lamps　㋓ raincoats

☐❹ Where did you take this （　　）?
　　 ㋐ vet　㋑ photo　㋒ ornament　㋓ calligraphy

☐❺ The book was （　　） in January.
　　 ㋐ repaired　㋑ hiked　㋒ published　㋓ killed

☐❻ I went to a post office to buy （　　）.
　　 ㋐ careers　㋑ price　㋒ remains　㋓ stamps

❸

❶声が聞こえなかったのは部屋がどんな状態だからなのかを考える。

❻ post office は「郵便局」という意味。

💡ヒント

④ 日本語に合う英文になるように，＿＿＿に適切な語を書きなさい。

❹
❸「用意のできた」
readyを使った表現。

□**①** ダイアナは２年後にニューヨークにもどって来ました。
Diana ＿＿＿＿＿＿＿ ＿＿＿＿＿＿＿ to New York two years later.

□**②** タナカさんは中国にある会社に勤めています。
Mr. Tanaka ＿＿＿＿＿＿＿ ＿＿＿＿＿＿＿ a company in China.

□**③** いっしょに動物園に行きませんか。
＿＿＿＿＿＿＿ ＿＿＿＿＿＿＿ ＿＿＿＿＿＿＿ go to the zoo?

点UP □**④** 明日，私といっしょに買い物にいきませんか。
＿＿＿＿＿＿＿ ＿＿＿＿＿＿＿ ＿＿＿＿＿＿＿ to go shopping with me tomorrow?

□**⑤** 最初は，私はその本が好きではありませんでした。
＿＿＿＿＿＿＿ ＿＿＿＿＿＿＿, I didn't like the book.

⑤ 日本語に合う英文になるように，＿＿＿に適切な語を書きなさい。

❺
受け身の文では，
・現在の文：be動詞を現在形
・過去の文：be動詞を過去形
にして表す。

□**①** その先生たちは生徒に好かれています。
The teachers ＿＿＿＿＿＿＿ ＿＿＿＿＿＿＿ by students.

□**②** その城は12世紀にたてられました。
The castle ＿＿＿＿＿＿＿ ＿＿＿＿＿＿＿ in the twelfth century.

□**③** スペイン語はモロッコで話されていますか。
＿＿＿＿＿＿＿ Spanish ＿＿＿＿＿＿＿ in Morocco?

□**④** 朝食はブルーノによって料理されませんでした。
Breakfast ＿＿＿＿＿＿＿ ＿＿＿＿＿＿＿ cooked by Bruno.

□**⑤** このポストカードは昨日配達されました。
This postcard ＿＿＿＿＿＿＿ ＿＿＿＿＿＿＿ yesterday.

点UP □**⑥** その腕時計はすぐに修理されるでしょう。
The watch ＿＿＿＿＿＿＿ ＿＿＿＿＿＿＿ repaired soon.

❻「されるだろう」は
〈will + be + 動詞の過去分詞〉で表す。

6 各組の文がほぼ同じ意味になるように，
＿＿＿に適切な語を書きなさい。

☐ **①** Mike washes the car every Sunday.
The car ＿＿＿＿＿＿＿ ＿＿＿＿＿＿＿ by Mike every Sunday.

☐ **②** The boy carried those bags.
Those bags ＿＿＿＿＿＿＿ ＿＿＿＿＿＿＿ by the boy.

点UP ☐ **③** My sister doesn't use the computer.
The computer ＿＿＿＿＿＿＿ ＿＿＿＿＿＿＿ by my sister.

☐ **④** Did Max paint that picture?
＿＿＿＿＿＿＿ that picture ＿＿＿＿＿＿＿ by Max?

7 次の文に対する応答として適切なものを，
（　）内を参考に英語で書きなさい。

Made in USA

☐ **①** Was the coat made in Japan?　[絵を見て3語で答える]
＿＿＿＿＿＿＿＿＿＿＿＿＿＿＿＿＿＿＿＿＿＿＿＿＿＿

Mika

☐ **②** Who painted the picture?　[Itで始めて5語で答える]
＿＿＿＿＿＿＿＿＿＿＿＿＿＿＿＿＿＿＿＿＿＿＿＿＿＿

8 次の英文を日本語にしなさい。

☐ **①** She plays an important role in our team.
（　　　　　　　　　　　　　　　　　　　　　　　　　）

☐ **②** I hope more and more people will visit Brazil.
（　　　　　　　　　　　　　　　　　　　　　　　　　）

☐ **③** Even if you hide it carefully, the dog will find it.
（　　　　　　　　　　　　　　　　　　　　　　　　　）

ヒント

6 **✕ ミスに注意**
受け身の文のbe動詞は，主語の人称やときに合わせる。

① もとの文がwashesなので，現在の文。主語がthe carになるので，be動詞はisを使う。

7
① 受け身の疑問文にはbe動詞を使って答える。

8
② more は「もっと多くの」という意味。

❾ 次の日本語に合う英文になるように，（　）内の語を並べかえなさい。ただし，不要な語が1語含まれています。

❶ これらの写真は大阪でとられました。

(taken / pictures / in / took / were / these) Osaka.

_____ Osaka.

❷ そのポストカードはケンよって書かれませんでした。

(written / not / the / by / postcard / was / didn't) Ken.

_____ Ken.

❸ パレードはここから見ることができます。

(parade / be / can / from / the / seen / are) here.

_____ here.

❹ 私は有名な歌手にインタビューしました。

(a / I / an / famous / for / interview / singer / had / with).

_____ .

❺ まず，今日は来てくれてありがとうございます。

(all / of / at / first), thank you for coming today.

_____, thank you for coming today.

❿ 次の日本語に合う英文を，（　）内の語数で書きなさい。

❶ そのカフェはみんなに愛されています。（6語）

(　　　　　　　　　　　　　　　　)

❷ このピアノは日本製ではありません。（7語）

(　　　　　　　　　　　　　　　　)

❸ イタリアでは何語が話されていますか。（6語）

(　　　　　　　　　　　　　　　　)

❹ 私はラグビーよりサッカーのほうが好きです。（6語）

(　　　　　　　　　　　　　　　　)

❺ 私たちは野生動物を保護する必要があります。（6語）

(　　　　　　　　　　　　　　　　)

ヒント

❾
❶「これらの写真」が主語の受け身の文にする。

❸ 助動詞と受け身をいっしょに使うときの語順は，〈助動詞＋be＋動詞の過去分詞〉だよ。

❿ ✕ ミスに注意
❷「日本製」→「日本で作られた」ということ。

Step 3 予想テスト : Unit 8 Working Overseas ~Project 3

30分 /100点 目標80点

❶ 日本語に合う英文になるように，＿＿に適切な語を書きなさい。[知] 15点（各完答5点）

❶ 象牙は高い値段で売られます。

Ivory is sold ＿＿＿ a ＿＿＿ ＿＿＿.

❷ 彼らは象牙のにおいをかぎつけることができます。

They can ＿＿＿ ＿＿＿ ivory.

❸ ヨウコは野球やテニスのようなさまざまなスポーツをします。

Yoko plays various sports ＿＿＿ ＿＿＿ baseball and tennis.

❷ 日本語に合う英文になるように，（ ）内の語句を並べかえなさい。[知] 15点（各5点）

❶ 私はこの島の野生動物に恋をしました。

(wild animals / fell / on / with / I / love / in / the) this island.

❷ 彼女の新しい本は3月に出版されるでしょう。

(in / will / her / published / book / be / new) March.

❸ ますます多くの人が海外で働いています。

(and / working / more / are / people / overseas / more).

❸ 次の対話文について，（ ）に入れるのに最も適切な文をア～エから選び，記号で答えなさい。[知] 20点（各10点）

❶ *A:* Would you like to go shopping with me next Saturday?

B: Next Saturday? ( )

㋐ I'd like a sweater. ㋑ I have plans on Sunday.

㋒ I like pancakes better than cakes. ㋓ I'm sorry. I have plans that day.

❷ *A:* ( )

B: Sounds great. I'd love to.

㋐ How about this music? ㋑ Why don't we go to a movie?

㋒ Why do you want to go to the concert? ㋓ How often do you see a movie?

❹ 次の英文を読んで，あとの問いに答えなさい。知表　　　　　20点

I'm working for a company in Morocco. ①The company deals with various goods such as dishes and lamps. You can buy them on the Internet. ②(English / spoken / Morocco / in / is)? The answer is "No." English is not spoken generally, but Arabic and French are spoken widely.

❶ 下線部①を日本語にしなさい。　　　　　　　　　　　　　　　　　　　(8点)

❷ 下線部②が「英語はモロッコで話されていますか」となるように，　　　(4点)
　（　）内の語を並べかえなさい。

❸ 英文の内容についての次の質問に，（　）内の語数の英語で答えなさい。　(8点)
　What languages are spoken widely in Morocco?　（4語）

❺ 下の❶〜❸の指示にしたがって，英文を書きなさい。表　　　30点(各10点)
❶ 自分の持ち物について，作られた年や場所を述べる英文を書く。
❷ 相手の家について，いつ建てられたのかたずねる英文を書く。
❸ 相手に「…より〜のほうが好きです」とフルーツの好みを伝える英文を書く。

❶	❶		
	❷		
	❸		
❷	❶		
	❷		
	❸		
❸	❶	❷	
❹	❶		
	❷		
	❸		
❺	❶		
	❷		
	❸		

Step 1 基本チェック

Let's Read
The Zoo

5分

赤シートを使って答えよう！

❶ [不定詞]

☐ ❶ 彼は作家になりたいです。

He wants to [be] a writer.

☐ ❷ 私はその映画が見たいです。

I want [to] [watch] that movie.

❶	
❷	

❷ [未来を表す表現 will]

☐ ❶ あなたはすばらしい歌手になるでしょう。

You will [be] a wonderful singer.

☐ ❷ マックスはすぐここに来るでしょう。

Max will [come] here soon.

❶	
❷	

❸ [動詞 + A + B]

☐ ❶ 私はマキに水を持ってきます。

I'll bring [Maki] some [water].

☐ ❷ 私はあなたに10,000円を支払うことはできません。

I can't pay [you] [10,000 yen].

❶	
❷	

POINT

❶[不定詞]〈to + 動詞の原形〉

名詞用法：〈to + 動詞の原形〉「～すること」

・Taro wants to eat French fries. ［タロウはフライドポテトが食べたいです。］
 └ 動詞wantの目的語になっている→名詞のはたらき

❷[未来を表す表現 will]〈will + 動詞の原形〉「～でしょう」「～するつもりだ」

・It will be cold tomorrow. ［明日は寒くなるでしょう。］
 └〈will + 動詞の原形〉「～でしょう」

・I will make dinner. ［私は夕食を作るつもりです。］
 └〈will + 動詞の原形〉「～するつもりだ」

❸[動詞 + A + B]

〈bring + A（人）+ B（もの）〉「A（人）にB（もの）を持ってくる」

・I'll bring you something to eat. ［私はあなたに何か食べるものを持ってきます。］
 └ 動詞 └ A(人) └ B(もの)

■ 赤シートを使って答えよう！

❶［接続詞that・if］

□❶ 私はこのマンガはおもしろいと思います。

I think [that] this manga is funny.

□❷ もしあなたがこのケーキを食べないなら，私がそれを食べます。

[If] you don't eat this cake, I'll eat it.

❶ _____

❷ _____

❷［時制の一致］

□❶ 彼らは，私がケーキをとても好きだと知っています。

They [know] that I [like] cake very much.

□❷ 私は彼が疲れていると思いました。

I [thought] he [was] tired.

❶ _____

❷ _____

POINT

❶［接続詞that・if］

①接続詞that「〜ということ」

・I guess (that) it's a good idea. ［私はそれはよい考えだと思います。］
　　　　　└ that以下が動詞guessの目的語　※thatは省略することができる

②接続詞if「もし〜ならば」

・If you visit Mike tomorrow, I'll go with you.
　　└ If 〜が前の場合，コンマ(,)を入れる　※ifが後ろにくる場合は，コンマは不要

　［もし明日あなたがマイクを訪問するなら，私もいっしょに行きます。］

❷［時制の一致］接続詞thatの前の動詞が過去形のとき，あとの動詞の時制を一致させる。

・I think that Maki stays in Nara. ［私は，マキが奈良に滞在すると思います。］
　　└現在形　　　　　　└現在形

・I thought that Maki stayed in Nara. ［私は，マキが奈良に滞在すると思いました。］
　　└過去形　　　　　　　└過去形

Let's Read

59

Step 2 予想問題 ● Let's Read
The Zoo

🕐 30分
(1ページ15分)

❶ ❶～❻は単語の意味を書き，❼～⓬は日本語を英語にしなさい。 💡ヒント

☐❶ kid （　　　　） ☐❷ meat （　　　　）

☐❸ enough （　　　　） ☐❹ pay （　　　　）

☐❺ hurt （　　　　） ☐❻ scared （　　　　）

☐❼ 座る ＿＿＿＿＿＿ ☐❽ 飛ぶ ＿＿＿＿＿＿

☐❾ すぐ近くに ＿＿＿＿＿＿ ☐❿ 奇妙な ＿＿＿＿＿＿

☐⓫ 生きている ＿＿＿＿＿＿ ☐⓬ 肉体の ＿＿＿＿＿＿

❶
❷，❹は日常でよく使う形容詞。

❷ 次の各組の下線部の発音が同じなら○，異なれば×を書きなさい。

☐❶ d<u>ea</u>d （　　　） ☐❷ m<u>o</u>m （　　　）
　 m<u>ea</u>t 　　　　　　　　　 en<u>ou</u>gh

❷
❷enough は発音だけでなくつづりもしっかり覚えよう。

❸ （　）内に入れるのに最も適切な語を，㋐～㋓から選んで○で囲みなさい。

☐❶ A: It's cold here.
　 B: （　　　） this coat on.
　 ㋐ Put　㋑ Take　㋒ Come　㋓ Make

☐❷ A: Is this rabbit dead?
　 B: No, it's （　　　）. Look. It's moving.
　 ㋐ fried　㋑ alive　㋒ weird　㋓ noisy

☐❸ The shop opens at 10 a.m., and （　　　） at 5 p.m.
　 ㋐ sits　㋑ hangs　㋒ pays　㋓ closes

☐❹ A: Where is your dog?
　 B: Don't worry, he's in his （　　　）.
　 ㋐ meat　㋑ cage　㋒ kid　㋓ manager

☐❺ It's not a （　　　） bird. It's a toy.
　 ㋐ real　㋑ weird　㋒ physical　㋓ scared

❸
❸open は「開く，開店する」という意味。

❺「おもちゃの鳥」はどのような鳥か考える。

④ 日本語に合う英文になるように，＿＿に適切な語を書きなさい。

□❶ 待っていてくれてありがとう。

Thank you ＿＿＿＿＿＿ ＿＿＿＿＿＿.

□❷ 静かにしてください。赤ちゃんが眠っています。

Please ＿＿＿＿＿＿ ＿＿＿＿＿＿. My baby is sleeping.

□❸ あなたの宿題はどうしますか。

＿＿＿＿＿＿ ＿＿＿＿＿＿ your homework?

□❹ ササキさんは6時に仕事を終わりにします。

Ms. Sasaki ＿＿＿＿＿＿ ＿＿＿＿＿＿ work at six.

⑤ 次の英文を日本語にしなさい。

□❶ Taro got hurt during the practice.

(　　　　　　　　　　　　　　　　　　　　)

□❷ I'm getting sleepy.

(　　　　　　　　　　　　　　　　　　　　)

□❸ A lot of people gathered around the cage.

(　　　　　　　　　　　　　　　　　　　　)

□❹ You can sleep all you want.

(　　　　　　　　　　　　　　　　　　　　)

⑥ 次の日本語を英文にしなさい。

□❶ 彼は新しいコートがほしいと言いました。（coatを使って）

＿＿＿＿＿＿＿＿＿＿＿＿＿＿＿＿＿＿＿＿＿＿＿＿＿＿

□❷ 私はあなたに何か飲むものを持ってきます。（somethingを使って）

＿＿＿＿＿＿＿＿＿＿＿＿＿＿＿＿＿＿＿＿＿＿＿＿＿＿

□❸ 私はその計画について聞いていませんでした。（planを使って）

＿＿＿＿＿＿＿＿＿＿＿＿＿＿＿＿＿＿＿＿＿＿＿＿＿＿

□❹ ラーメンはフォークで食べるのが難しいです。（Ramenを主語にして）

＿＿＿＿＿＿＿＿＿＿＿＿＿＿＿＿＿＿＿＿＿＿＿＿＿＿

ヒント

④

❹「〜から離れて」という意味のoffを使った表現。

⑤

❷ I'm getting 〜. は「（だんだん）〜になってきた」という意味。

⑨ ミスに注意

❶ that節の前の動詞が過去形のとき，あとの動詞の時制を一致させる。

Let's Read

| Step 3 | 予想テスト | Let's Read The Zoo | 🕐 30分 | /100点 目標80点 |

❶ 日本語に合う英文になるように，＿＿＿に適切な語を書きなさい。 知   10点(各完答5点)

❶ ネコは私を見て，逃げました。

The cat saw me, and ＿＿＿＿ ＿＿＿＿.

❷ このセーターを着てください。

＿＿＿＿ this sweater ＿＿＿＿.

❷ 日本語に合う英文になるように，（ ）内の語句を並べかえなさい。 知   10点(各5点)

❶ 私はここに座ってテレビが見たいです。

(watch / sit / I / TV / to / down / want / here / and).

❷ 私はあなたに1週間に5万円を支払います。

(pay / yen / 50,000 / a / I'll / you) week.

❸ 次の英文を読んで，あとの問いに答えなさい。 知 表   25点

Kiroku: Hmm, ①this place looks like a zoo.... Hello, is Mr. Hasegawa here?

Hasegawa: Yes, yes, I am Hasegawa, manager of this zoo. Please sit down.

Kiroku: ②Mr. Hasegawa, (do / do / have / I / to / what) here?

Hasegawa: Well, our tiger just died yesterday. He was very popular among the kids. So now, you'll be the tiger!

Kiroku: What? Be a tiger?

Hasegawa: Yes, a tiger!

Kiroku: But how?

Hasegawa: Easy! I made a tiger costume, so you can wear it.

大島希巳江「動物園」〈Rakugo in English 世界を笑わそ！〉㈱研究社より

❶ 下線部①を日本語にしなさい。   (8点)

❷ 下線部②が正しい英文になるように，（ ）内の語を並べかえなさい。   (8点)

❸ 英文の内容についての次の質問に，（ ）内の語数の英語で答えなさい。   (9点)

How will Kiroku be a tiger?（5語）

❹ 次の英文を読んで，あとの問いに答えなさい。 知 表   25点

Announcement: Thank you very much for coming today. Now we have a special event for all of you. We'll bring the lion's cage over here, and put the lion into the tiger's cage. The greatest fight between the lion and the tiger! Gather around!

Kiroku: What? No way! 10,000 yen a day isn't good enough for ①this! I'll get hurt every day! No, no! Don't bring the lion's cage here! Don't! Aaah, the lion is coming! Help me! Help me!

②*The cage opened and the lion came closer to Kiroku.* Then *the lion whispered in Kiroku's ear.*

Lion: Don't worry, it's me. Hasegawa, the manager.

大島希巳江「動物園」〈Rakugo in English 世界を笑わそ！〉㈱研究社より

❶ 下線部①が指す内容を日本語で説明しなさい。**(9点)**　❷ 下線部②を日本語にしなさい。**(8点)**

❸ 英文の内容についての次の質問に，（　）内の語数の英語で答えなさい。　**(8点)**

Who is the lion?（2語）

---

⑤ 次の日本語を日本語にしなさい。 表　　　30点(各10点)

❶ 私はわくわくしてきました。（excitedを用いて）　❷ 私はハチにおびえています。（beesを用いて）

❸ アヤは動物園に行きたいと言っていました。（zooを用いて）

❶	❶		
	❷		
❷	❶		
	❷		
❸	❶		
	❷		
	❸		
❹	❶		
	❷		
	❸		
❺	❶		
	❷		
	❸		

テスト前 ☑ やることチェック表

① まずはテストの目標をたてよう。頑張ったら達成できそうなちょっと上のレベルを目指そう。
② 次にやることを書こう（「ズバリ英語〇ページ，数学〇ページ」など）。
③ やり終えたら□に✔を入れよう。
　　最初に完ぺきな計画をたてる必要はなく，まずは数日分の計画をつくって，
　　その後追加・修正していっても良いね。

目標

	日付	やること 1	やること 2
2週間前	／	□	□
	／	□	□
	／	□	□
	／	□	□
	／	□	□
	／	□	□
	／	□	□
1週間前	／	□	□
	／	□	□
	／	□	□
	／	□	□
	／	□	□
	／	□	□
	／	□	□
テスト期間	／	□	□
	／	□	□
	／	□	□
	／	□	□
	／	□	□

キリトリ線

英語2年 啓林館版

QRコードのページに登録すると，「ぴたリンク」からも表をダウンロードできるよ

テスト前 ☑ やることチェック表

① まずはテストの目標をたてよう。頑張ったら達成できそうなちょっと上のレベルを目指そう。
② 次にやることを書こう（「ズバリ英語〇ページ，数学〇ページ」など）。
③ やり終えたら□に✔を入れよう。
　最初に完ぺきな計画をたてる必要はなく，まずは数日分の計画をつくって，
　その後追加・修正していっても良いね。

目標

	日付	やること1	やること2
2週間前	／	☐	☐
	／	☐	☐
	／	☐	☐
	／	☐	☐
	／	☐	☐
	／	☐	☐
	／	☐	☐
1週間前	／	☐	☐
	／	☐	☐
	／	☐	☐
	／	☐	☐
	／	☐	☐
	／	☐	☐
	／	☐	☐
テスト期間	／	☐	☐
	／	☐	☐
	／	☐	☐
	／	☐	☐
	／	☐	☐

〈 本体から外してお使いください 〉　　　　　　　　　▶ 本文 p.3〜5

啓林館版 英語2年 ブルースカイ ｜ 定期テスト ズバリよくでる ｜ 解答集

Unit 1〜Let's Talk 1

p.3〜5 予想問題

❶ 1 丸い　2 植物
　3 悲しい　4 ニュース，知らせ
　5 頭痛　6 作家
　7 character　8 bookcase
　9 hungry　10 angry
　11 trouble　12 song

❷ 1 イ　2 ウ　3 イ　4 ウ　5 イ　6 イ

❸ 1 ×　2 ×

❹ 1 up　2 cold

❺ 1 There　2 What

❻ 1 When he got sleepy, he went to bed.
　2 Is there a train station in this town?

❼ 1 Yes, there is.
　　No, there isn't [is not].
　2 Yes, there are.
　　No, there're not [are not].

❽ 1 自由な時間があるとき，私は本を読みます。
　2 私が家に帰ってきたとき，彼らは眠っていました。

❾ 1 My house is next to a flower (shop.)
　2 There is a poster on the wall(.)

❿ 1 When he called me, I was sleeping.
　2 There is a ball on the floor.

考え方

❶ 5 headache　下線部のつづりと発音に注意。
　6 write「書く」+ -er「人」という意味。
　11 trouble　下線部のつづりに注意。

❷ 1 「月が丸いことはみんなが知っています。」
　　月を説明する形容詞として適切なのは，イ round「丸い」。
　2 「庭にはたくさんの植物があります。」 庭にあるものとして適切なのは，ウplants「植物」。
　3 「大丈夫ですか，メグ？」「頭が痛いです。」

「大丈夫か」と聞かれているので，イheadacheを入れて「頭が痛い」とすると適切な応答になる。
　4 「彼はよい作家です。彼はたくさんのよい本を書きました。」 本を書く人は，ウwriter「作家」。
　5 「私はとてもおなかがすいています。カレーが食べたいです。」 イhungryは「おなかがすいた」という意味。
　6 「その音楽家は美しい歌を歌います。」 sing「〜を歌う」の目的語として適切なのは，イsongs「歌」。

❸ 1 「マーチ，行進曲」，「地震」。 marchのarは[ɑːr]，earthquakeのearは[əːr]と発音する。
　2 「物語」，「〜を失う」 storyのoは[ɔː]，loseのoは[uː]と発音する。

❹ 1 「〜を元気づける」はcheer up 〜。
　2 「かぜをひく」はcatch a cold。

❺ エミリー：「うわー！あなたの部屋にはたくさんの絵本がありますね。」
　アオイ：「はい，私は絵本が好きです。」
　エミリー：「この丸い顔のキャラクターは何ですか。」
　アオイ：「彼はアンパンマンです。彼は私のヒーローです。」
　エミリー：「おや，ここにもう1冊アンパンマンの本があります。あなたは彼がとても好きなんですね。」
　1 「あなたの部屋には」とあるので，thereを選んで，There are 〜「〜があります」とする。
　2 アオイは「彼はアンパンマンです」とどんな人物かを答えているので，whatが適切。

❻ 1 「眠くなったとき，彼は寝ました。」 when 〜が文の前半にくる場合は，後半の節の前にカンマを置く。
　2 「この町には鉄道駅があります。」→「この町に鉄道駅はありますか。」 There is [are]

1

〜.の疑問文は, is [are]をthereの前に出す。

❼ 1 「あなたの家の近くに図書館はありますか。」
「はい, あります。」／「いいえ, ありません。」
Is there 〜?でたずねる文には, there isを
使って答える。

2 「生徒たちは教室にいますか。」「はい、いま
す。」／「いいえ、いません。」Are there 〜?
でたずねている文には、there areを使って
答える。

❽ 1 freeは「自由な」という意味。

2 come homeは「帰宅する」という意味。

❾ 1 「〜のとなりに」はnext to 〜で表す。

2 「〜があります」なので, There is 〜.の文
にする。「壁に」はon the wallの語順。

❿ 1 「〜するとき」はwhenを使う。whenが文頭
なので, 後半の節の前にカンマを置く。

2 「〜があります」はThere is [are] 〜.で表す。
「ボールが1つ」なので, be動詞はis。「〜(の
上)に」はonを使って表す。

pp.6〜7　予想テスト

❶ 1 There is　2 were singing　3 bears

❷ 1 We were running in the park(.)

2 Is there a TV in this room(?)

3 There is a sofa by the window(.)

❸ 1 ウ　2 イ　3 ア

❹ 1 wrote　2 when

3 **つらいときに, 彼らはその歌を歌っていました。**

❺ 1 (例)My mother was waiting in front of
my school.

2 (例)I was reading a book two hours ago.

3 (例)When I was watching TV, my mother
came home.

4 (例)He is not my father, but my
grandfather.

5 (例)Is there a post office near your
house?

考え方

❶ 1 「〜があります」はThere is [are] 〜.で表す。
an appleなので, isを使う。

2 「〜していました」は〈was [were] + 動詞の
-ing形〉の形で表す。主語がTheyなので,
wereを使う。

3 Are there 〜?なので,「クマ」は複数形
bears。

❷ 1 過去進行形〈was [were] + 動詞の-ing形〉
の形にする。

2 「〜がありますか」はIs there 〜?の形。

3 「〜があります」はThere is 〜.の形。「窓の
そばに」はby the windowと表す。

❸ 「あなたは今どこにいますか。」
「私はレストランの前にいます。ここに来て
くれますか。」
「いいですよ。レストランはどこですか。」
「郵便局のとなりです。」

1 in front of 〜で「〜の前に」。ウin が適切。

2 AはOK.「いいですよ。」と応じているので,
Can you 〜?「〜してくれますか」と依頼す
る文にする。イCanが適切。

3 next to 〜で「〜のとなりに[の]」。アnext
が適切。

❹ 「彼は漫画家で絵本作家のやなせたかしです。
彼はアンパンマンを作り出しました。彼は
また作詞家・作曲家でもあります。彼は『ア
ンパンのマーチ』を書きました。東日本大震
災が起こったとき, その歌は東北の人々を
元気づけました。つらいときに, 彼らはその
歌を歌っていました。」

1 write「〜を書く」の過去形はwrote。

2 ②を含む文は, カンマをはさんで2つの節が
並んでいるので, 接続詞が必要。when「〜す
るとき」を入れて,「東日本大震災が起きた
とき, …」とする。

3 during the hard timesは「つらいときに」
という意味。

❺ 1 「〜していた」は過去進行形〈was [were] +
動詞の-ing形〉の形で表す。「〜の前で」はin
front of 〜。

2 過去進行形〈was [were] + 動詞の-ing形〉
の形で表す。「2時間前に」はtwo hours
ago。

3 「〜するとき」はwhenを使って表す。when
〜が文の前半にくるので, 後半の節の前に
カンマを置くことに注意。「家に帰ってくる」
はcome home。

4 「〜ではなく…」はnot 〜, but ...。

5 「〜がありますか」はIs [Are] there 〜?の
形で表す。「〜の近くに」はnear。

Unit 2〜Let's Talk 2

pp.9〜11 **予想問題**

❶ 1 晴れた　2 くもった　3 浜辺, ビーチ
4 計画　5 島　6 規則, ルール
7 tonight　8 tomorrow　9 win　10 local
11 famous　12 respect

❷ 1 イ　2 ウ　3 ウ　4 イ　5 イ　6 イ

❸ 1 ×　2 ○

❹ 1 out　2 prepare

❺ 1 still　2 take

❻ 1 I'm [I am] going to meet my aunt
tomorrow.
2 We will do our best next Friday.

❼ 1 I'm [I am] going to go shopping.
2 I'm [I am] going to go cycling.

❽ 1 すぐに雨になり, 寒くなるでしょう。
2 このカメラであなたの写真をとってあげます。

❾ 1 (We) must follow the school rules(.)
2 We have to prepare for the (sports
festival.)

❿ 1 You don't have to take an umbrella
today.
2 You must not [mustn't] eat in this room.

考え方

❶ 1 nを2つ重ねる。
5 つづりとともに発音にも注意。
7 tonight　下線部のつづりに注意。
11 famous　下線部のつづりに注意。

❷ 1 「今日は晴れています。浜辺に行きましょ
う。」 選択肢の中で場所を表す語は, イ
beach「浜辺」のみ。
2 「あなたの冬休み中の計画は何ですか。」

空所の直後がduring winter vacationな
ので, ウplan「計画」を入れて, 「冬休み中の
計画」とするのが適切。

3 「たくさんのイルカが島の近くに生息して
います。」 イルカがいる可能性がある場所
は, ウisland「島」のそば。

4 「あなたは校則に従わなければいけません。」
イrules「規則」を入れて, school rules「校
則」とするのが適切。

5 「私は次の試合に勝ちたいです。」 目的語
がthe next match「次の試合」なので, イ
win「〜に勝つ」が適切。

6 「こちらは有名な美しい浜辺です。毎日たく
さんの人が訪れます。」 選択肢の中で,
beach「浜辺」を説明する形容詞として適切
なのは, イfamous「有名な」。

❸ 1 「計画」, 「先住の」。 planのaは[æ], native
のaは[ei]と発音する。
2 「ガム」, 「公共の」。 gumとpublicのuはど
ちらも[ʌ]と発音する。

❹ 1 「外出する」はgo out。
2 「〜に備える」はprepare for 〜。

❺ ケリー:「今夜夜景を見に行きましょう。」
アオイ:「でもまだ雨が降っています。」
ケリー:「心配しないでください。すぐに晴れ
るでしょう。香港では, 夏, 雨は短い時間し
か続きません。」
アオイ:「本当ですか。それなら私はカメラ
を持っていきます。私はたくさん写真をとり
たいです。」

1 ケリーの2番目の発言に「すぐに晴れるで
しょう。」とあるので, 今は雨が降っている
ことがわかる。still「まだ」が適切。

2 I want to 〜.の形なので, 空所には動詞が
入ると分かる。目的語がmany pictures「た
くさんの写真」なのでtake「(写真・ビデオ)
をとる」が適切。

❻ 1 「私は毎日おばに会います。」→「私は明日お
ばに会うつもりです。」 be going to 〜で
「〜するつもりです」。主語がIなので, be動
詞はam。

3

2 「昨日, 私たちは最善をつくしました。」→「次の金曜日, 私たちは最善をつくすつもりです。」 next Friday「次の金曜日」は未来のこと。〈will＋動詞の原形〉の形を使って, 「〜するつもりである」とする。

❼ 1 「あなたは明日何をするつもりですか。」「私は買い物に行くつもりです。」質問文はwhatを使ったbe going to 〜の疑問文。答えの.文もbe going to 〜の形を使って答える。「買い物に行く」はgo shopping。

2 「あなたは日曜日に何をするつもりですか。」「私はサイクリングに行くつもりです。」「サイクリングに行く」はgo cycling。

❽ 1 天気の話をしているので,「〜でしょう」という未来を予測した文とわかる。soonは「すぐに」という意味。

2 with this cameraは「このカメラで」という意味。

❾ 1 mustを使った「〜しなければならない」は,〈must＋動詞の原形〉の形で表す。

2 〈have to＋動詞の原形〉で「〜しなければならない」。「〜の準備をする」はprepare for 〜。

❿ 1 「〜する必要はない」は〈don't have to＋動詞の原形〉の形で表す。

2 「〜してはいけない」という禁止は〈must not [mustn't]＋動詞の原形〉の形で表す。

❶ 1 will take　**2** must follow　**3** am going to
❷ 1 What's your plan during summer vacation(?)
2 I will go cycling (today.)
3 We must not take pictures (here.)
❸ 1 エ　**2** エ　**3** エ
❹ 1 plans　**2** what
3 あなたのためにたくさん写真を撮ってあげます。
❺ 1 (例)I'm [I am] going to visit Japan next year.
2 (例)It will be cloudy tomorrow.

3 (例)You don't have to worry.
4 (例)You must not go out at night.
5 (例)What places do you recommend in Tokyo?

考え方

❶ 1 「〜します」という意志は,〈will＋動詞の原形〉を使って表す。「〜を持っていく」はtake。
2 「〜しなければならない」は,〈must＋動詞の原形〉の形で表す。「〜に従う」はfollow。
3 「〜する予定です」は, be going to 〜 を使って表す。主語がIなので, be動詞はam。

❷ 1 「〜は何ですか」はwhatを文の最初に置き, be動詞の疑問文の形を続ける。「夏休みの計画」はplan during summer vacation。
2 「〜をしに行く」という意志は,〈will＋go〜ing〉を使って表す。「サイクリングに行く」はgo cycling。
3 「〜してはいけない」は〈must not＋動詞の原形〉の形で表す。「写真をとる」はtake pictures。

❸ A:「私たちはこの週末の旅行の準備をしなければなりません。」
B:「はい。あなたはスーツケースを詰めなければなりません。」
A:「私はタオルを持っていく必要はありますか。」
B:「いいえ, その必要はありません。ホテルにタオルはあります。」

1 prepare for 〜 で「〜の準備をする」。エ prepareが適切。
2 doで始まる一般動詞の疑問文なので, エ have toが適切。それ以外の選択肢は助動詞。
3 Bは続けて「ホテルのタオルを使うことができます」と言っているので, タオルを持っていく必要がないことがわかる。〈don't have to＋動詞の原形〉で「〜する必要はない」。エ don't have toが適切。

❹ ソラ:「あなたは夏休みの計画は何かありますか。」
エミリー:「私は家族といっしょにハワイを

訪れる予定です。」

ソラ:「それはすごいですね！そこで何をする予定ですか。」

エミリー:「ボートに乗ってイルカを見る予定です。」

ソラ:「なんてすばらしい！私もイルカが見たいです。」

エミリー:「あなたのためにたくさん写真を撮ってあげます。」

1 plansはplan「計画」の複数形。

2 エミリーは「ボートに乗ってイルカを見る予定です。」と答えているので,「何をする予定ですか」とたずねる文にすればよい。

3 for youは「あなたのために」という意味。

❺ 1 「〜する予定です」はbe going to 〜で表す。「〜を訪れる」はvisit。

2 天気について述べるときは,itを主語にする。明日のことについてなので,will「〜でしょう」を使って未来を予測した文にする。「くもった」はcloudy。

3 「〜する必要はない」は〈don't have to＋動詞の原形〉で表す。「心配する」はworry。

4 「〜してはいけない」は〈must not [mustn't]＋動詞の原形〉の形で表す。「外出する」はgo out,「夜は」はat night。

5 whatを用いて「何の場所をすすめますか」という文にする。「何の場所」はwhat placesと表し,一般動詞の疑問文を続ける。「〜をすすめる」はrecommend。

Unit 3〜Project 1

pp.16〜19　予想問題

❶ 1 階　2 試合, 競技　3 疲れた　4 警報機　5 重要な, 大切な　6 特別の
7 tall　8 healthy　9 join　10 seat　11 useful
12 information

❷ 1 イ　2 エ　3 ア　4 エ　5 ウ　6 ア

❸ 1 ウ　2 ア

❹ 1 away　2 fell　3 turn　4 middle

❺ 1 case　2 without　3 How　4 because

❻ 1 If you stay home today, I will visit you.

2 I will read a book if it rains.

3 Because I don't have time, I can't go shopping.

4 I like her because she is kind.

❼ 1 I'll [I will] read comic books.

2 I'll [I will] play soccer.

3 It'll [It will] be sunny.

❽ 1 私は彼が私たちの新しい先生だと思います。

2 にがいから, 私はコーヒーが好きではありません。

3 地震が起きたとき, 私たちは机の下に入ります。

❾ 1 Do you think this watch is old(?)

2 I will stay home if it is cold(tomorrow.)

3 It will be cloudy most of the day(.)

❿ 1 When you leave the room, turn off the light.

2 Because I was tired, I went to bed.

3 What will you do if it rains tomorrow?

考え方

❶ 1 oを2つ重ねる。

5 important　書くときは, 下線部はnでなくmであることに注意。

8 healthy　下線部のつづりと発音に注意。

11 useful　下線部はzではなくsと発音する。

❷ 1 「私の赤ちゃんは2階で眠っています。」赤ちゃんが眠っている場所として考えられるものを選ぶ。on the second floor「2階で」。イfloorが適切。

2 「私は疲れているので, 家に帰りたい。」人の状態を表す形容詞として適切なのは, エtired「疲れた」。

3 「あれは何ですか。」「おや, 火災報知器が鳴ったのです！」 fire alarmで「火災報知器」。アalarm「警報機」が適切。

4 「私はあなたの考えは私たちにとって重要だと思います。」「あなたの考え」をどう思っているかを説明する形容詞として適切なのは, エimportant「重要な」。

5 「私は窓の近くのよい席を取りました。」

「窓の近くのよい（　）」の空所に適切な語は, ウseat「座席」。

6 「私たちはコンテストについてたくさんの情報を得ることができます。」 空所はget「〜を手に入れる」の目的語の位置にある。ア information「情報」を入れて,「情報を得る」とするのが適切。

❸ 1 「実演」 ３つ目の母音を最も強く読む。

2 「家具」 １つ目の母音を最も強く読む。

❹ 1 「〜から逃げる」は, get away from 〜。

2 「倒れる」はfall down。fallの過去形はfell。

3 「〜を消す」はturn off 〜。

4 「真夜中に」は,「夜の中ごろに」と考えることができる。in the middle of 〜「〜の中ごろに」を使ってin the middle of the nightとする。

❺ ベル先生:「あなたは非常事態のとき何が必要ですか。そしてそれはなぜですか。」
アオイ:「停電があるかもしれないので, 私は懐中電灯が必要です。私は光がないと動くことができません。」
ベル先生:「ありがとう, アオイ。あなたはどうですか, チェン。」
チェン:「私は食べ物と水が必要です。それらがないと生きていけないからです。」

1 直前にin, 直後にofがあるので, in case of 〜「〜の場合は」とする。caseが適切。

2 「動くことができない」ことと「光」の関係を考える。without「〜なしに」を入れて,「光がないと動くことができない」とするのが適切。

3 How about you?で「あなたはどうですか。」。Howが適切。

4 空所をはさんで2つの節が並んでいるので, 接続詞が必要。because「〜だから」が適切。

❻ 1 「もしあなたが今日家にいるなら, 私はあなたを訪問します。」 if 〜が文の前半にくる場合は, 後半の節の前にカンマを置く。

2 「もし雨が降ったら, 私は本を読みます。」 if 〜が文の後半にくる場合は, カンマは不要。

3 「時間がないので, 私は買い物に行くことが

できません。」 because 〜が文の前半にくる場合は, 後半の節の前にカンマを置く。

4 「彼女は親切なので, 私は彼女が好きです。」 because 〜が文の後半にくる場合は, カンマは不要。

❼ 1 「もし明日雨が降ったら, あなたは何をしますか。」「私はマンガ本を読みます。」 What will you 〜?とたずねられているので, 答えの文もwillを使う。

2 「もし明日時間があったら, あなたは何をしますか。」「私はサッカーをします。」 willを使って答える。

3 「明日の天気はどうですか。」「晴れるでしょう。」 天気について述べるときは, itを主語にする。「晴れた」はsunny。

❽ 1 I think that 〜.で「私は…と思います」という意味。

2 接続詞because「〜なので」を使った文。bitterは「にがい」という意味。

3 get under our desksは「机の下に入る」という意味。

❾ 1 「〜だと思いますか」という文。（　）内にthatはないが, thinkのあとに省略されていると考える。疑問文でもthatのあとの語順は変わらないので,「この腕時計は古い」は this watch is oldと表す。

2 （　）内にカンマ(,)がないので, if 〜を文の後半に置く。

3 「ほとんどの時間」はmost of the day。

❿ 1 「〜するとき」はwhenを使って表す。when 〜が文の前半にくるので, 後半の節の前にカンマを置く。「〜を消す」はturn off 〜。「〜しなさい」と指示・命令するときは, 動詞の原形で文を始める。

2 「〜だから」はbecauseを使って表す。because 〜が文の前半にくるので, 後半の節の前にカンマを置く。「寝る」はgo to bed。

3 「もし〜ならば」はifを使って表す。if 〜が文の後半にくる場合は, カンマは不要。「雨が降る」はrain。

❶ 1 tired because　2 if, let's
　3 occur [happen]

❷ 1 (I) am going to go shopping (tomorrow.)
　2 (You) must not eat in the museum(.)
　3 (We didn't know) that our teacher was tired(.)

❸ 1 ウ　2 エ

❹ 1 going
　2 私はきっとあなたがそれらに(特別な設備)に興味を持つだろうと思います。
　3 If you remove the top like this　4 as

❺ 1 (例)Can I use your flashlight?
　2 (例)If you are tired, you don't have to come here. / You don't have to come here if you are tired.
　3 (例)Because I was sleepy, I stayed home.
　4 (例)Can you open this box?
　5 (例)When I become a junior high school student, I must wear a school uniform.

考え方

❶ 1 「〜だから」はbecauseを使って表す。「疲れた」はtired。
　2 「もし〜ならば」はifを使って表す。「〜しましょう」はlet's 〜。
　3 「起こる」はoccur, またはhappenで表す。

❷ 1 「〜する予定です」は, be going to 〜の形で表す。
　2 「〜してはいけない」は〈must not [mustn't]＋動詞の原形〉の形で表す。
　3 know that 〜「〜ということを知っている」を使った文。接続詞thatのあとは,〈主語＋be動詞〉の語順。

❸ ソラ:「明日火災訓練があるということを知っていますか。」
エミリー:「はい, でも何をするのですか。」
ソラ:「火災報知器が鳴ったら, 私たちは学校の建物の外に出ます。」
エミリー:「ああ, なるほど。」

1 空所の直前にknow, 直後に〈主語＋動詞〉が続いている。ウthat「〜ということ」を入れて,「明日火災訓練があるということを知っていますか。」とするのが適切。
2 空所の前にWe'll go 〜, 直後にthe fire alarm goes offと節が並んでいるので, 空所には接続詞が必要。エwhen「〜するとき」が適切。

❹ 「今日, 私は特別な公園について話します。先週, 私はその公園であるイベントに参加しました。私は緊急事態のための特別な設備について学びました。私はあなたがたがそれらに(特別な設備)に興味を持つだろうと思います。この写真を見てください。これはかまどベンチです。上部をこのように取り除くと, 下部を料理用のコンロとして使うことができます。私はほかのメンバーといっしょにそのコンロでカレーライスを作りました。おいしかったです!」

1 空所の直前にI'm, 直後にto talkがあるので, be going to 〜の形にすればよい。
2 be sure (that) 〜で「きっと〜だと思う」という意味。
3 ここでのlikeは「〜のように」という意味。
4 use 〜 as ...で「〜を…として使う」。

❺ 1 「〜してもいいですか」はCan I 〜?で表す。「懐中電灯」はflashlight。
2 「もし〜ならば」はifを使って表す。ifは文の前半でも後半でもよい。前半にくる場合は, 後半の節の前にカンマを置くことに注意。「こちらへ来る」はcome here。
3 「〜だから」はbecauseを使って表す。「眠い」はsleepy。
4 「〜してくれますか」はCan you 〜?で表す。
5 「〜するとき」はwhenを使って表す。「中学生」はjunior high school student,「制服」はschool uniform。

❶ 1 難しい　2 作家　3 興味深い　4 お金

5 必要な　6 何か

7 fun　8 pastime　9 doctor　10 patient

11 easy　12 believe

❷ 1 イ　2 イ　3 ウ　4 イ　5 イ　6 イ

❸ 1 ×　2 ○

❹ 1 in　2 translated

❺ 1 novelist　2 of

❻ 1 It is difficult for me to play soccer.

2 My dream is to be a baseball player.

❼ 1 I want to try baseball.

2 I want to go shopping.

❽ 1 私は夏，泳ぐのを楽しみます。

2 ギターをひくことは難しいですか。

❾ 1 Talking with him is fun(.)

2 My future dream is to be a singer(.)

❿ 1 Thanks to his idea, I won the game.

2 My favorite pastime is reading manga.

考え方

❶ 1 difficult「難しい」と11のeasy「簡単な」はセットで覚えよう。

10 patient　下線部のつづりに注意。9のdoctor「医者」とセットで覚えよう。

12 believe　下線部のつづりに注意。

❷ 1 「私には，早く起きることが難しいです。」「早く起きること」がどのようなことかを説明する形容詞として適切なのは，イdifficult「難しい」。

2 「その作家は毎年約3冊の本を書きます。」「本を書く」のは，イnovelist「作家」。

3 「私には，古い本を読むことは興味深いです。」「古い本を読むこと」がどのようなことか説明する形容詞として適切なのは，ウinteresting「興味深い」。

4 「私の好きな娯楽は週末の買い物です。」「週末の買い物」は楽しいことだと考えられる。イpastime「娯楽」が適切。

5 「医者は患者のために熱心に働いています。」「患者のために働く」人として適切なのは，イdoctors「医者」。

6 「私の先生は私たちが勝つと信じています。」

接続詞thatを目的語にとる動詞は，イbelieve「〜だと信じる」。

❸ 1 「ロボット」，「所属する」。 robotの1つ目のoは[ou]，belongのoは[ɔː]と発音する。

2 「娯楽」，「〜を翻訳する」。 pastimeとtranslateのaはどちらも[æ]と発音する。

❹ 1 「将来」はin the future。

2 「〜を翻訳する」はtranslate。

❺ 「私の将来の夢は作家になることです。私は小説を読むことが好きです。私は一週間に2，3冊の本を読みます。私は物語を考えることも好きです。私は将来物語を書きたいです。だから，私にとって書くことを練習することは大切です。」

1 「小説を読むことが好き」や，「将来物語を書きたい」という内容から考える。

2 think of〜で「〜のことを考える」という意味。

❻ 1 「サッカーをすることは私にとって難しいです。」〈It is 〜(for + 人) + to + 動詞の原形〉で「(人が)…するのは〜です」という意味。

2 「私は野球選手になりたいです。」→「私の夢は野球選手になることです。」「〜すること」は〈to + 動詞の原形〉の形で表す。

❼ 1 「あなたは何のスポーツをやってみたいですか。」「私は野球をやってみたいです。」want to 〜「〜したい」を使って答える。

2 「買い物に行く」はgo shopping。

❽ 1 〈enjoy + 動詞の-ing形〉は「〜するのを楽しむ」という意味。

2 playing the guitar が主語で，「ギターをひくこと」という意味。

❾ 1 「彼と話す」はtalk with him。

2 「〜になること」はto be 〜で表す。

❿ 1 「〜のおかげで」はthanks to 〜。「試合に勝つ」はwin the game。winの過去形はwon。

2 「〜すること」は動名詞〈動詞の-ing形〉を使って表す。

pp.26〜27　予想テスト

❶ 1 It is　2 like playing　3 want to be

❷ 1 (I am) interested in studying Japanese culture(.)
  2 It is a lot of fun for me to play (the guitar.)
  3 I want to be a cook in (the future.)

❸ 1 ウ　2 ア　3 エ

❹ 1 to　2 got well
  3 私も人々を助けたいです。

❺ 1 (例)My father likes singing.
  2 (例)What would you like to drink?
  3 (例)I would like tomato juice.
  4 (例)My favorite pastime is cycling.
  5 (例)It is necessary for us to follow rules.

考え方

❶ 1 「(人が)…するのは〜です」は〈It is 〜(for ＋人)＋to＋動詞の原形〉で表す。
  2 「〜が好き」likeのあとに, 名詞のはたらきをする動名詞〈動詞の-ing形〉を続ける。
  3 「〜になりたい」はwant to be 〜。

❷ 1 「〜に興味がある」は, be interested in 〜。inのあとに, studying Japanese culture「日本文化を勉強すること」を続ける。
  2 「(人が)…するのは〜です」は〈It is 〜(for ＋人)＋to＋動詞の原形〉で表す。「とても楽しい」はa lot of fun。
  3 「〜になりたい」はwant to be 〜,「将来」はin the futureの語順。

❸ チェン:「サックスを演奏することは難しいですか。」
  アオイ:「はい, とても。だから私は毎日サックスを練習します。」
  チェン:「あなたは将来上手なサックス演奏者になりますよ。」
  1 直前にisがあるので, 名詞のはたらきをする動名詞のウplayingが適切。
  2 「(サックスを演奏することは)難しい。だから毎日練習する」という流れにする。アso「だから〜」が適切。
  3 in the futureで「将来」。エinが適切。

❹ 1 「〜になること」はto be 〜で表す。
  2 「(病気が)よくなる」はget well。「よくなった」なので, 過去形gotを使う。
  3 I want to 〜は「私は〜したいです」という意味。

❺ 1 「〜することが好き」は, likeのあとに動名詞〈動詞の-ing形〉を続ける。「歌う」はsing。
  2 相手がほしいものをていねいにたずねる表現What would you like to 〜?を使う。
  3 「〜をお願いいたします」と欲しいものをていねいに伝える表現I would like 〜.を使う。
  4 「〜すること」は動名詞〈動詞の-ing形〉を使って表す。
  5 itを使った表現〈It is 〜(for ＋人)＋to＋動詞の原形〉「(人が)…するのは〜です」を使って表す。「規則に従う」はfollow rules。

Unit 5〜Let's Talk 5

pp.29〜31　予想問題

❶ 1 重い　2 耳　3 (〜を)聞く, 耳にする
  4 試験　5 結果　6 (〜を)望む, 願う
  7 pray　8 late　9 amazing　10 gather
  11 excited　12 surprised

❷ 1 ア　2 ウ　3 イ　4 ア　5 イ　6 イ

❸ 1 イ　2 ア

❹ 1 right　2 up

❺ 1 for　2 like

❻ 1 I stayed up late to do my homework.
  2 I was surprised to hear the news.

❼ 1 I want something to read.
  2 I want something to drink.

❽ **1 私たちは優勝してうれしかったです。**
  2 私は電車で読むための本を買いました。

❾ 1 I was glad to know the result(.)
  2 I came here to study Japanese(.)

❿ 1 I stayed up late to read.
  2 I have a lot of pictures to show you.

考え方

❶ 1 heavy　下線部のつづりと発音に注意。
  5 アクセントに注意。2つ目の母音を強く読

む。

7 pray play「～をする，～を演奏する」と混同しないように注意。

11 excitingは「わくわくさせる」。

❷ 1「私のバッグにはたくさんの本が入っているので，とても重いです。」「たくさん本が入っている」とバッグがどうなるかを考える。ア heavy「重い」が適切。

2「ウサギの耳は長い。」 ウサギの体で長い部分は，ウ ears「耳」。

3「あなたの考えを聞かせてもらえますか。」「いいですよ！」「考えを（ ）」の（ ）に入れるのに適切なのは，イ hear「～を聞く」。

4「私は次の試験のために熱心に勉強している。」 ア exam を入れて，「試験」のために勉強している，とするのが適切。

5「生徒たちは体育館に集まった。」 生徒たちと体育館の関係を考える。イ gathered「集まった」が適切。

6「私はここであなたに会って驚きました。」 〈to＋動詞の原形〉は，「…して～」と感情の原因を表す。イ surprised「驚いた」が適切。

❸ 1「試験」 2つ目の母音を最も強く読む。

2「～を祝う」 1つ目の母音を最も強く読む。

❹ 1「今すぐ」は right away。

2「遅くまで起きている」は stay up late。

❺ 「秋田竿燈祭りは有名な夏祭りです。人々はよい収穫を祈るために祭りを開催します。演技者が竿燈と呼ばれるたくさんのちょうちんがついた長い棒を持ち上げます。長くて重いので，それらを持ち上げることはとても難しいです。竿燈は稲穂のように見えます。」

1 pray for ～で「～を祈る」。for が適切。

2 look like ～で「～のように見える」。like が適切。

❻ 1「私は遅くまで起きていました。私は宿題をしました。」→「私は宿題をするために遅くまで起きていました。」 不定詞の副詞用法「～するために」を使って，目的を表す文にする。

2「私はそのニュースを聞きました。私は驚きました。」→「私はそのニュースを聞いて驚きました。」 不定詞の副詞用法「…して～」を使って，感情の原因を表す文にする。

❼ 質問は「あなたは何が欲しいですか。」**1** は，「読むための何か」と考え something のあとに to read を続ける。**2** は，「飲むための何か」と考え something のあとに to drink を続ける。

❽ 1 〈to＋動詞の原形〉は，「…して～」と感情の原因を表す。be happy to ～で「～してうれしい」という意味。

2 a book to read は〈名詞＋to＋動詞の原形〉の形。「～するための…」という意味を表す。

❾ 1「…して～」と感情の原因を表すには，形容詞のあとに〈to＋動詞の原形〉を続ける。

2「～するために」は不定詞〈to＋動詞の原形〉で表す。

❿ 1「遅くまで起きている」は stay up late。不定詞を使って「～するために」と目的を表し，文末に置く。

2「あなたに見せるための写真」と考え，〈名詞＋to＋動詞の原形〉「～するための…」の形を使って pictures to show you と表す。「たくさんの」a lot of ～は pictures の前に置く。

---

pp.32～33 予想テスト

❶ 1 was surprised　**2** to buy　**3** to sleep

❷ 1 (I will) buy something to eat(.)

2 Could you show me your passport (, please?)

3 I have a lot of things to do (tomorrow.)

❸ 1 ウ　**2** ウ　**3** ウ

❹ 1 人々は夏に花火を見て興奮します。

2 However　**3** to

❺ 1 (例)I was excited to see this movie.

2 (例)I went to Tokyo to see my uncle.

3 (例) I got up early to study English yesterday.

4 （例）I want something to eat.

5 （例）Could I have something to drink, please?

考え方

❶ **1** 「〜して驚いた」はbe surprised to 〜。

2 3 「〜するために」と目的を表すには，不定詞〈to＋動詞の原形〉を使う。

❷ **1** 「食べるための何か」と考え，somethingのあとにto eatを続ける。

2 「〜していただけますか」とていねいに依頼するときは，Could you 〜, please?の形を使う。

3 「やるべきたくさんのこと」と考え，〈名詞＋to＋動詞の原形〉「〜するべき…」の形を使ってa lot of things to doと表す。

❸ A:「すみません，水を持ってきていただけますか。」

B:「もちろんです。ほかに何かありますか。」

A:「毛布をもう1枚いただけますか。」

B:「かしこまりました。今すぐ持ってきます。」

1 BはOf course.「もちろんです。」と応じているので，Could you 〜, please?「〜していただけますか」と依頼の表現にする。ウcouldが適切。

2 Anything else?で「ほかに何かありますか。」という意味。ウelseが適切。

3 right awayで「今すぐ」という意味。ウawayが適切。

❹ 「人々は夏に花火を見て興奮します。彼らは美しい色と大きい音を楽しみます。しかし，花火はただの娯楽ではありません。特別な意味を持つ花火もあるのです。長岡まつりは新潟県長岡の大きい夏のイベントです。8月1日から3日まで，毎年100万人がお祭りを見に来ます。」

1 be excited to 〜で「〜して興奮する」という意味。

2 「しかしながら」はhowever。

3 from A to Bで「AからBまで」という意味。

❺ **1** 「〜して興奮する」はbe excited to 〜。

2 「〜するために」と目的を表すには，不定詞〈to＋動詞の原形〉を使う。

3 「〜するために」と目的を表すには，不定詞〈to＋動詞の原形〉を使う。「早起きをする」はget up early。

4 「何か食べるもの」は「食べるための何か」と考え，somethingのあとにto eatを続ける。

5 「〜していただけますか」は，Could you 〜, please?で表すことができる。

Unit 6〜Project 2

pp.36〜39 予想問題

❶ **1** ミツバチ **2** 停留所 **3** 人 **4** 葉, 葉っぱ **5** なまけている, 怠惰な **6** はずかしがりの **7** head **8** eye **9** nose **10** thing **11** body **12** minute

❷ **1** ア **2** ア **3** ア **4** イ

❸ **1** ア **2** ウ **3** ア **4** エ **5** ア **6** ウ

❹ **1** hold
2 every twenty minutes
3 know about
4 By the way
5 Welcome to

❺ **1** looked **2** tastes **3** feel **4** got

❻ **1** Hiroshi bought Bruno a handkerchief.
2 I'll show you the pictures.

❼ **1** We call it a *namakemono*.
2 She'll give him a book.
3 He feels happy.

❽ **1** ウマは1日に3時間しか眠りません。
2 このリンゴは見た目はよいですが, 実際には, おいしくありませんでした。
3 私はリンゴやバナナなどのフルーツを朝食に食べます。

❾ **1** I'll send you an e-mail (later.)
2 I bought Tom this tie(.)
3 Which bus goes to Asahi Museum(?)
4 That singer will become popular(.)
5 How often do the trains come(?)

❿ **1** We call it Uluru.
2 They looked excited.

3 He gave me this flower.
4 Please bring me something to drink.

考え方

❶ 1 e を2つ重ねる。
　3 people「人々」とあわせて覚えよう。
　8 eye　e で始まることに注意。
　12 minute　下線部のつづりに注意。

❷ 1 「ヒトデ」　1つ目の母音を最も強く読む。
　2 「キュウリ」　1つ目の母音を最も強く読む。
　3 「乗客」　1つ目の母音を最も強く読む。
　4 「〜を消化する」　2つ目の母音を最も強く読む。

❸ 1 「そのオスのライオンは動物園の人気者です。みんなが彼を見にやってきます。」「みんなが彼を見にくる」ということは，彼が「人気者」だということ。ア star が適切。
　2 「たくさんの乗客が搭乗口でフライトを待っています。」搭乗口でフライトを待つのは，ウ passengers「乗客」。
　3 「私には英語を勉強するたくさんの理由があります。第一に，私は留学したいです。」英語を勉強する「理由」の1つが，留学したいからだと考えられる。ア reasons が適切。
　4 「マイクの生活はのんびりして見えるが，実際には，彼はとてもいそがしい。」「いそがしい」と逆のことは何か考える。エ slow「ゆっくりな，のんびりした」が適切。
　5 「私たちはこの川でたくさんの魚をつかまえることができます。」川でつかまえることができるのは，ア fish「魚」。
　6 「この問題はとても簡単でした。」「本当に？私にとってはとても難しかったです。」「簡単な」，「難しい」で説明できるのは，ウ problem「問題」。

❹ 1 「(手)をつなぐ」は hold。
　2 「〜分ごとに」は every 〜 minutes。
　3 「〜について知っている」は know about 〜。
　4 「ところで」は by the way。
　5 「〜へようこそ」は welcome to 〜。

❺ 1 「〜に見えました」なので，look を使って表

す。過去の文なので過去形にする。
　2 「〜の味がする」と考え，taste で表す。this fruit pie は3人称単数。
　3 「〜だと感じる」は〈feel＋形容詞〉の形。
　4 「(ある状態)になる」は〈get＋形容詞〉の形。get を過去形にする。

❻ 1 「ヒロシはブルーノにハンカチを買いました。」〈buy＋A(人)＋B(もの)〉「AにBを買う」の形で表す。
　2 「私はあなたに写真を見せます。」〈show＋A(人)＋B(もの)〉「AにBを見せる」の形で表す。

❼ 1 「その動物は何と呼びますか。」「私たちはそれをナマケモノと呼びます。」語数の指定より，〈call＋A(人・もの)＋B(名前)〉「A(人・もの)をB(名前)と呼ぶ」の形を使って答える。the animal は it に置きかえる。
　2 「アイはタロウに何をあげるつもりですか。」「彼女は彼に本をあげるつもりです。」「A(人)にB(もの)を与える」〈give＋A＋B〉の形を使って答える。
　3 「リョウが電話でマヤと話すとき，彼はどんな気持ちですか。」「彼はうれしいです。」「〜だと感じる」〈feel＋形容詞〉の形を使う。

❽ 1 a day は「1日につき」という意味。
　2 ここでの bad は「(味が)まずい」という意味。
　3 ここでの like は「〜のような」という意味。

❾ 1 「A(人)にB(もの)を送る」は〈send＋A＋B〉の語順。
　2 「A(人)にB(もの)を買う」は〈buy＋A＋B〉の語順。
　3 「どの〜」は〈which＋名詞〉の形。
　4 「〜になる」は〈become＋形容詞〉の形。
　5 頻度をたずねるときは，how often で文を始める。

❿ 1 「A(人・もの)をB(名前)と呼ぶ」は〈call＋A＋B〉の形を使って表す。
　2 「〜に見える」は〈look＋形容詞〉の形で表す。
　3 語数の指定より，〈give＋A＋B〉の形を使って表す。
　4 「A(人)にB(もの)を持ってくる」〈bring＋

A + B〉の形を使って表す。語数の指定より，「〜してください」はpleaseを使う。

pp.40〜41 予想テスト

❶ 1 changed into　2 anymore　3 looks angry
❷ 1 This apple tastes delicious(.)
　 2 I'll tell you a funny story(.)
　 3 Don't judge people by their looks(.)
❸ 1 イ　2 エ
❹ 1 Bees give us honey　2 in
　 3 It shows the direction and distance to the nectar.
❺ 1 (例)You look tired.
　 2 (例)Can you show me your notebook?
　 3 (例)I call our dog Bill.
　 4 (例)Sloths sleep for twenty hours a day.

考え方

❶ 1 「〜に変わる」はchange into 〜。
　 2 「今はもう〜ない」はanymoreを使って表す。
　 3 「〜に見える」は〈look＋形容詞〉の形。「怒った」はangry。
❷ 1 「〜の味がする」は〈taste＋形容詞〉の形。
　 2 「A(人)にB(もの)を話す」は〈tell＋A＋B〉の形。
　 3 「見た目で」は，by「〜によって」を使ってby their looksと表す。
❸ 　A：「すみません。どのバスがカエデ博物館に行きますか。」
　　B：「ええと。10番に乗ってください。カエデ博物館は4つ目の停留所です。」
　　A：「バスはどのくらいの頻度で来ますか。」
　　B：「30分ごとに来ます。」
　 1 BはTake　No.　10.「10番に乗ってください。」と答えているので，どのバスに乗ればよいかとたずねたと考えられる。イ「どのバスがカエデ博物館に行きますか。」が適切。
　 2 Aは「バスはどのくらいの頻度で来ますか。」とたずねているので，頻度を答えているエ「30分ごとに来ます。」が適切。

❹ 　「ハチは私たちにハチミツを与えてくれます。彼らは花のみつからハチミツを作ります。みつを見つけると，彼らは巣箱に戻って，8の字の形で踊り始めます。彼らのダンスは他のハチに花のみつへの方向と距離を示しています。」
　 1 〈give＋A＋B〉の形にして，「ハチは私たちにハチミツを与えてくれます」とする。
　 2 inを使って，in a figure eightと表す。
　 3 「ハチのダンスは何を示していますか。」「それは花のみつへの方向と距離を示しています。」　4文目参照。
❺ 1 「〜に見える」は〈look＋形容詞〉の形で表す。
　 2 「〜してくれますか」はCan you 〜?で表す。「(私に)あなたのノートを見せる」は，〈show＋A(人)＋B(もの)〉の形を使う。
　 3 〈call＋A＋B〉の形を使って表す。
　 4 「20時間」twenty hoursのあとに，「1日に(つき)」a dayを続ける。

Unit 7〜Let's Talk 7

pp.44〜47 予想問題

❶ 1 調査　2 バラ　3 平均の　4 〜を推測する　5 〜を含む　6 〜を比較する　7 食事　8 とび上がる, ジャンプする
　 9 class　10 turtle　11 coat　12 sweater
　 13 high　14 coin　15 list　16 light
❷ 1 ア　2 ア　3 ウ　4 ア　5 ア　6 ア
❸ 1 ア　2 エ　3 ウ
❹ 1 key to　2 May I help　3 try, on
　 4 too big　5 popular among
❺ 1 busier　2 difficult　3 hottest
　 4 most beautiful
❻ 1 Takeshi's dog is bigger than mine.
　 2 This room is the most expensive in the hotel.
　 3 This book is as interesting as that book.
　 4 That is the most famous song in Japan.
❼ 1 not as　2 most useful　3 larger, or
❽ 1 (Aki) is taller than Yuka(.)
　 2 (Ryo) is the tallest of the (four.)

3 Yuka is.

❾ 1 この調査では, 日本は訪れるのにいちばん人気がある場所です。

2 マヤのバッグは私のものよりも軽いです。

3 もっと小さいものはありますか。

❿ 1 Mai can swim faster than Donna(.)

2 This manga is the most interesting (of the three.)

3 The library is as new as our school(.)

⓫ 1 I sleep as long as my brother.

2 The most important thing to me is family.

3 Russia is the largest country in the world.

考え方

❶ 6 compare 下線部のつづりに注意。

7 diet 下線部のつづりに注意。

12 sweater 下線部のつづりに注意。

16 light lで始めることに注意。

❷ 1 「サッカー〔英〕, アメリカンフットボール〔米〕」 1つ目の母音を最も強く読む。

2 「スイス」 1つ目の母音を最も強く読む。

3 「ヨーロッパの」 3つ目の母音を最も強く読む。

4 「上着, ジャケット」 1つ目の母音を最も強く読む。

5 「調査」 1つ目の母音を最も強く読む。

6 「平均の」 1つ目の母音を最も強く読む。

❸ 1 「これが選手の名前のリストです。」「選手の名前」が書かれた「リスト」とすればよい。ア list が適切。

2 「アイはとても上手にドリブルしました。」直後が the ball なので, エ dribbled を入れて「ボールをドリブルした」とする。

3 healthy diet で「健康的な食事」。ウ diet が適切。

❹ 1 「〜の秘訣」は the key to 〜。

2 「いらっしゃいませ。」は May I help you?。

3 「〜を試着する」は try 〜 on。

4 「〜すぎる」は〈too + 形容詞〉を使って表す。

5 「〜の間で」は among。

❺ 1 「私の母は父よりもいそがしいです。」than があるので比較級の文だとわかる。busy は y を i にかえて -er をつける。

2 「マイクにとって国語は数学と同じくらい難しいです。」 前後に as があるので, 〈as + 形容詞 + as 〜〉「〜と同じくらい…」の形にする。形容詞の形は変わらない。

3 「夏は日本でいちばん暑い季節です。」 直前に the があるので,「〜のうちでいちばん…」という最上級の文にする。hot の最上級は t を重ねて -est をつける。

4 「この花はこの庭でいちばん美しいです。」直前に the, 直後に in があるので,「〜のうちでいちばん…」という最上級の文にする。beautiful の最上級は前に most を置く。

❻ 1 「タケシのイヌは大きいです。」→「タケシのイヌは私のイヌよりも大きいです。」〈比較級 + than 〜〉の形にする。big の比較級は g を重ねて -er をつける。

2 「この部屋は高いです。」→「この部屋はホテルの中でいちばん高いです。」〈the + 最上級 + of [in] 〜〉の形にする。expensive の最上級は前に most を置く。「ホテルの中で」は範囲を示すので, in を使う。

3 「この本は興味深いです。」→「この本はあの本と同じくらい興味深いです。」〈as + 形容詞 + as 〜〉「〜と同じくらい…」の形にする。as と as の間の interesting はもとの形のまま。

4 「あれは有名な歌です。」→「あれは日本でいちばん有名な歌です。」〈the + 最上級 + of [in] 〜〉の形にする。famous の最上級は前に most を置く。「日本で」は範囲を示すので, in を使う。

❼ 1 「〜ほど…でない」は〈not + as + 形容詞 + as 〜〉の形で表す。

2 「何がいちばん〜ですか。」は〈What is the + 最上級(+ 名詞) 〜?〉の形。useful「役に立つ」の最上級は前に most を置く。

3 「AとBでは, どちらが〜ですか。」は〈Which

is＋比較級，A or B?〉の形で表す。large
「広い」の比較級は，語尾に-rをつける。

❽ 1 「ユカはアキよりも背が高いですか。」「い
いえ，高くありません。アキはユカよりも
背が高いです。」

2 「タロウはリョウよりも背が高いですか。」
「いいえ，高くありません。リョウが4人の
中でいちばん背が高いです。」〈the＋最上
級＋of [in]〜〉「〜のうちでいちばん…」の
形で表す。「4人の中で」は仲間・同類を示
すofを使って表す。

3 「だれがいちばん背が低いですか。」「ユカで
す。」 Who is 〜?というbe動詞の疑問文
なので，be動詞を使って答える。

❾ 1 the most popular placeは〈the＋最上級
＋名詞〉の形。「いちばん〜な…」と訳すと
よい。

2 〈比較級＋than 〜〉は「〜よりも…」。light
は「軽い」という意味。

3 形容詞の比較級を使った表現。smaller
oneで「(これよりも)小さいもの」という意味。

❿ 1 「〜よりも速く」は，副詞fast「速く」の比較
級fasterを使って表す。fastestが不要。

2 interesting「興味深い」の最上級は，前に
mostを置く。moreが不要。

3 「〜と同じくらい新しい」は，〈as＋形容詞
＋as 〜〉の形を使って表す。moreが不要。

⓫ 1 「〜と同じくらい長く」は，副詞long「長く」
を使って，〈as＋副詞＋as 〜〉の形で表す。

2 「いちばん大切なもの」は，〈the＋最上級＋
名詞〉「いちばん〜な…」の形を使って表す。

3 「いちばん〜な…」は，〈the＋最上級＋名
詞〉の形を使って表す。「面積が広い」とい
う意味での「大きい」はlargeを使う。

pp.48〜49　予想テスト

❶ 1 both, and
2 include
3 differs from, to

❷ 1 Question 2 was more difficult than
Question 1(.)

2 What is the longest river in the
world(?)

3 I think tennis is the most exciting
sport(.)

❸ 1 イ　2 エ

❹ 1 ① largest　③ larger
2 カナダが世界で2番目に大きい国だという
こと。
3 いちばん小さい国は何ですか。

❺ 1 (例)Yuka thinks (that) math is the
most difficult (subject) of the five.
2 (例)Yuka thinks (that) Japanese is the
most interesting (subject) of the five.
3 (例)Yuka thinks (that) English is more
difficult than science.
(例)Yuka thinks (that) math is more
interesting than English.

考え方

❶ 1 「AとBの両方とも」はboth A and B。
2 「〜を含む」はinclude。
3 「〜によってちがう」はdiffer from 〜 to 〜。

❷ 1 「〜よりも難しい」はdifficultの比較級を
使ってmore difficult than 〜と表す。
2 「何ですか」なので，whatで文を始める。「い
ちばん長い川」はlongの最上級を使って
the longest riverと表す。
3 「私は〜と思います」はI think 〜.。「いち
ばんわくわくさせるスポーツ」はexciting
の最上級を使って，the most exciting
sportと表す。

❸ A:「こんにちは。いらっしゃいませ。」
B:「私は帽子を探しているのですが。」
A:「こちらはどうですか。」
B:「かっこいいですね。それを試着しても
いいですか。」
A:「もちろんです。」
①Bの発言「私は帽子を探しています。」から，
店での会話だとわかる。イ「いらっしゃ
いませ。」が適切。
②Aが「もちろんです。」と応じているので，

15

Bは何かの許可を求めているとわかる。
エ「それを試着してもいいですか。」が適切。

❹ エミリー:「この表を見てください。これは面積による国のリストです。」

ソラ:「ロシアが世界でいちばん大きな国です。おや，カナダが2番目です。私はそれを知りませんでした。」

エミリー:「カナダはアメリカと中国よりも大きいです。」

ソラ:「いちばん小さい国は何ですか。」

エミリー:「バチカン市国です！」

1 ①直前にthe，直後にinがあるので，最上級にする。largeの最上級は，語尾に -st をつける。

③直後にthanがあるので，語尾に-rをつけて比較級にする。

2 ソラの2番目の発言参照。直前の自分の発言を指して，そのことについて知らなかったと言っている。

3 What is 〜?「〜は何ですか」の文。the smallest countryは「いちばん小さい国」という意味。

❺ 1「いちばん難しい」はdifficultの最上級most difficultを使って表す。mostの前にtheをつけ忘れないように注意。

2「いちばん興味深い」はinterestingの最上級most interestingを使って表す。

3 表の中から2つの教科を選んで，〈比較級＋than 〜〉の形を使って書く。

Unit 8〜Project 3

pp.52〜55 予想問題

❶ 1 よう精　2 品物　3 古代の　4 におい　5 貿易, 取引　6 〜を殺す
7 interview　8 castle　9 car　10 volunteer
11 message　12 lady
❷ 1 ×　2 ○
❸ 1 イ　2 イ　3 ア　4 イ　5 ウ　6 エ
❹ 1 came back　2 works for　3 Why don't we
4 Would you like　5 At first
❺ 1 are liked　2 was built　3 Is, spoken

4 was not　5 was delivered　6 will be
❻ 1 is washed　2 were carried
3 isn't used　4 Was, painted
❼ 1 No, it wasn't.
2 It was painted by Mika.
❽ 1 彼女は私たちのチームで重要な役割をはたしています。
2 私はますます多くの人々がブラジルを訪れることを願っています。
3 たとえあなたが注意深く隠しても，イヌはそれを見つけるでしょう。
❾ 1 These pictures were taken in (Osaka.)
2 The postcard was not written by (Ken.)
3 The parade can be seen from (here.)
4 I had an interview with a famous singer(.)
5 First of all(, thank you for coming today.)
❿ 1 The cafe is loved by everyone.
2 This piano is not made in Japan.
3 What language is spoken in Italy?
4 I like soccer better than rugby.
5 We need to protect wild animals.

考え方
❶ 2 書くときはsを忘れないように注意。
4 , 6 どちらもlを2つ重ねる。
8 castle tは発音しないので注意。
10 volunteer 下線部を強く読む。
12 gentleman「男性，紳士」とセットで覚える。
❷ 1「写真」，「〜が大好きである」 photoのoは[ou]，loveのoは[ʌ]と発音する。
2「喜び」，「におい」 pleasureのeaとsmellのeは，どちらも[e]と発音する。
❸ 1「部屋がさわがしすぎたので，私はあなたの声が聞こえませんでした。」 声が聞こえなかった理由を考える。イnoisy「さわがしい」が適切。
2「私はサトウさんの家に招待されました。」「家に」とあるので，イinvitedを入れて「招待された」とするのが適切。

3 「ニューヨークはたくさんの観光客に訪れ
られます。」 ニューヨークを訪れるのは，
ア tourists「観光客」。

4 「この写真はどこで撮ったのですか。」
take の目的語として適切なのは，イ photo
「写真」。

5 「その本は1月に出版されました。」「本は」
とあるので，ウ published を入れて「出版
された」とするのが適切。

6 「私は切手を買いに郵便局へ行きました。」
郵便局へ行く理由とするには，エ stamps
「切手」が適切。

❹ 1 「もどって来る」は come back。過去の文な
ので，come を過去形 came にする。

2 「〜に勤めている」は work for 〜。

3 「私たちといっしょに〜しませんか」は Why
don't we 〜? で表す。主語が we であるので
「〜といっしょに」にあたる with 〜は用いない。

4 「〜しませんか」は Would you like to 〜?

5 「最初は」は at first。

❺ 1 主語が複数なので，be 動詞は are。like の
過去分詞形は liked。

2 過去の文なので，be 動詞を過去形にする。
build の過去分詞形は built。

3 受け身の疑問文は，be 動詞を主語の前に
出す。speak の過去分詞形は spoken。

4 受け身の否定文は，be 動詞のあとに not を
置く。

5 過去の文なので，be 動詞を過去形にする。
規則動詞の過去分詞形は過去形と同じ。

6 「〜されるでしょう」は〈will + be + 動詞の
過去分詞〉の形で表す。

❻ 受け身の文に書きかえる。

1 「マイクは毎週日曜日，その車を洗いま
す。」→「その車は毎週日曜日，マイクに
よって洗われます。」「毎週日曜日」なので，
be 動詞は is を使う。

2 「その少年はそれらのバッグを運びました。」
→「それらのバッグはその少年によって運
ばれました。」 those bags は複数なので，
be 動詞は were を使う。

3 「私の姉[妹]はそのコンピューターを使い
ません。」→「そのコンピューターは私の姉
[妹]によって使われません。」 受け身の否
定文は be 動詞のあとに not を置く。空所の
数より，短縮形 isn't を使う。

4 「マックスがその絵をかきましたか。」→「そ
の絵はマックスによってかかれましたか。」
主語 that picture は単数で，過去の文なの
で，be 動詞は was を使う。

❼ 1 「そのコートは日本製ですか。」「いいえ，
違います。」 受け身の疑問文には，be 動
詞を使って答える。

2 「その絵はだれがかいたのですか。」「それは
ミカによってかかれました。」 語数の指定
より，by 〜「〜によって」を使って絵をか
いた人を示す。

❽ 1 play a role in 〜は「〜で役割をはたす」と
いう意味。

2 more and more は「ますます多くの〜」と
いう意味。

3 even if 〜は「たとえ〜であっても」という
意味。hide は「〜を隠す」。

❾ 1 受け身の文。were のあとに take「（写真・
ビデオ）をとる」の過去分詞形 taken を続け
る。

2 受け身の否定文は be 動詞のあとに not を置
く。

3 助動詞 can「〜することができる」を使った
受け身の文。助動詞と受け身をいっしょに
使うときの語順は，〈助動詞 + be + 動詞の
過去分詞〉。

4 「〜にインタビューする」は have an
interview with 〜の語順。

5 「まず」は first of all の語順。

❿ 1 「みんなに」は，by「〜によって」を使って表
す。

2 be made in 〜の否定文で表す。

3 「何語」は what language と表す。speak
「話す」の過去分詞形 spoken を使う。

4 「…よりも〜が好きだ」は〈like 〜 better
than …〉の形で表す。

5「〜する必要がある」はneed to 〜で表す。「〜を守る[保護する]」はprotect。

pp.56〜57 予想テスト

❶ **1** at, high price
　2 sniff out
　3 such as

❷ **1** I fell in love with the wild animals on (this island.)
　2 Her new book will be published in (March.)
　3 More and more people are working overseas(.)

❸ **1** エ　**2** イ

❹ **1** その会社は皿やランプのようなさまざまな品物を扱っています。
　2 Is English spoken in Morocco
　3 Arabic and French are.

❺ **1** (例)My bag was made in Kyoto [in 2018].
　2 (例)When was your house built?
　3 (例)I like apples better than bananas.

考え方

❶ **1**「高い値段で」はat a high price。
　2 sniffは「〜のにおいをかぐ」。sniff out 〜で「〜のにおいをかぎつける」という意味になる。
　3「〜のような」はsuch as 〜。

❷ **1**「〜に恋をする」はfall in love with 〜。
　2 助動詞will「〜でしょう」を使った受け身の文。助動詞と受け身をいっしょに使うときの語順は、〈助動詞＋be＋動詞の過去分詞〉。
　3「ますます多くの〜」はmore and more 〜と表す。「海外で働く」はwork overseas。

❸ **1** A:「次の土曜日に、私といっしょに買い物に行きませんか。」B:「次の土曜日ですか。すみません。その日は予定があります。」Would you like to 〜?は「〜しませんか」と相手を誘う表現。I'm sorry.と言ってか

ら、断る理由を述べているエが適切。
　2 A:「映画を見に行きませんか。」B:「いいですね。よろこんで。」 I'd love to.「よろこんで。」は、誘いを受けるときの表現。人を誘う表現Why don't we 〜?「〜しませんか」を使ったイが適切。

❹ 「私はモロッコにある会社に勤めています。その会社は皿やランプのようなさまざまな品物を扱っています。あなたはそれらをインターネットで買うことができます。英語はモロッコで話されていますか。答えは『いいえ』です。英語は一般に話されていませんが、アラビア語とフランス語が広く話されています。」
　1 deal with 〜は「〜を扱う」、such as 〜は「〜のような」という意味。
　2 ( )内にspeakの過去分詞形spokenとbe動詞isがあるので、受け身の疑問文だとわかる。be動詞を主語の前に出す。
　3「モロッコでは何語が広く話されていますか。」「アラビア語とフランス語です。」 6文目参照。受け身の疑問文にはbe動詞を使って答えるので、areを忘れないように注意。

❺ **1** makeの過去分詞形madeを使って表す。
　2 buildの過去分詞形builtを使う。
　3「…よりも〜が好きだ」は〈like 〜 better than ...〉の形で表す。

Let's Read

pp.60〜61 予想問題

❶ **1** 子ども　**2** 肉　**3** 十分に　**4**（〜に）…を支払う
　5 けがをした　**6** おびえた
　7 sit　**8** fly　**9** close　**10** weird　**11** alive
　12 physical

❷ **1** ×　**2** ×

❸ **1** ア　**2** イ　**3** エ　**4** イ　**5** ア

❹ **1** for waiting　**2** be quiet　**3** What about
　4 gets off

❺ **1** 練習の最中にタロウはけがをしました。

2 私は眠くなってきました。

3 たくさんの人がおりの周囲に集まりました。

4 あなたは好きなだけ眠ることができます。

❻ 1 He said (that) he wanted a new coat.

2 I'll bring you something to drink.

3 I didn't hear about the plan.

4 Ramen is hard [difficult] to eat with a fork.

考え方

❶ 2 meet「〜に会う」と混同しないように注意。

3 enough　書くときは下線部のつづりに注意。

9 [klous]と発音する。「(店・施設が)閉まる」という意味のcloseは[klouz]と発音するので注意。

12 physical　下線部のつづりに注意。

❷ 1 「死んだ」,「肉」　deadのeaは[e], meatのeaは[i:]と発音する。

2 「お母さん」,「十分な」　momのoは[ɑ(ː)], enoughのouは[ʌ]と発音する。

❸ 1 「ここは寒いですね。」「このコートを着てください。」　put 〜 onで「〜を着る」。ア putが適切。

2 「このウサギは死んでいるのですか。」「いいえ,生きています。見て。動いています。」「死んでいるのですか」という質問に「いいえ」と答えているので, dead「死んだ」の反対の意味の言葉が入るとわかる。イ alive「生きている」が適切。

3 「店は午前10時に開店して,午後5時に閉店します。」　open「開店する」と対になるのは,エ closes「閉店する」。

4 「あなたのイヌはどこにいますか。」「心配しないでください,彼はケージの中にいます。」イヌが入る場所として適切なのは,イ cage「おり」

5 「それは本物の鳥ではありません。それはおもちゃです。」「おもちゃの鳥」ということは,本物ではないということ。ア real「本物の」が適切。

❹ 1 「〜してくれてありがとう。」はThank you

for doing.

2 「静かにする」はbe quiet。

3 「〜はどうしますか。」は, What about 〜? の形。

4 「仕事を終わりにする」はget off work。

❺ 1 get hurtは「けがをする」という意味。

2 現在進行形を使った表現I'm getting〜.は,「(だんだん)〜になってきた」という意味。

3 gather around 〜は「〜の周囲に集まる」という意味。

4 all you wantは「好きなだけ」という意味。

❻ 1 「彼は〜と言った」の部分は, say「〜と言う」の過去形saidを使って, He said (that)〜.と表す。that節の前の動詞が過去形(ここではsaid)なので,あとの動詞(ここではwant「〜がほしい」)の時制を一致させてwantedとする。

2 「A(人)にB(もの)を持ってくる」〈bring + A + B〉の形を使って表す。「何か飲むもの」はsomething to drink。

3 「〜について聞く」はhear about 〜。

4 「難しい」はhard,またはdifficultを使って表す。「フォークで」はwith a fork。

pp.62〜63　予想テスト

❶ 1 ran away　**2** Put, on

❷ 1 I want to sit down here and watch TV(.)

2 I'll pay you 50,000 yen a (week.)

❸ 1 この場所は動物園のように見えます。

2 what do I have to do

3 He'll wear a tiger costume.

❹ 1 ライオンと戦いをすること。

2 おりが開いてライオンが喜六のすぐ近くに来ました。

3 Hasegawa is.

❺ 1 (例)I'm getting excited.

2 (例)I'm scared of bees.

3 (例)Aya said (that) she wanted to go to a zoo.

考え方

❶ 1 「逃げる」はrun away。runの過去形はran。
2 「〜を着る」はput 〜 on。

❷ 1 「ここに座る」はsit down here。
2 〈pay＋A＋B〉「AにBを支払う」の形を使う。「1週間に」は，a「〜につき」を使って，a weekとする。

❸ 喜六：「ふーん，この場所は動物園のように見えるな。こんにちは，長谷川さんはこちらにいますか。」
長谷川：「はい，私がこの動物園の園長の長谷川です。どうぞ座ってください。」
喜六：「長谷川さん，私はここで何をしなければならないのですか。」
長谷川：「ええと，私たちのトラが昨日死んでしまったのです。彼は子どもたちの間でとても人気でした。ですから，今度はあなたがトラになります。」
喜六：「何ですって。トラになるのですか。」
長谷川：「はい，トラです！」
喜六：「でもどのようにして？」
長谷川：「簡単です！私がトラの衣装を作ったので，あなたはそれを着ることができます。」

1 look like 〜は「〜のように見える」という意味。zooは「動物園」。
2 （ ）内にwhatとhave toがあるので，「私は何をしなければならないのですか」という疑問文にする。
3 「喜六はどのようにしてトラになりますか。」「彼はトラの衣装を着ます。」 長谷川の最後の発言参照。語数の指定より。He will の短縮形He'llを使う。

❹ アナウンス：「本日はお越しくださいまして大変ありがとうございます。みなさまのために今から特別イベントがあります。ライオンのおりをこちらに持ってきて，ライオンをトラのおりの中に入れます。ライオンとトラの間のすごい戦いです！周りに集まってください！」
喜六：「何だって！冗談じゃない！これに1日1万円では十分ではない！私は毎日けがをしてしまう。やだ，やだ！ライオンのおりをここに持ってくるな！やめろ！あー，ライオンが来る！助けて！助けて！」
おりが開いてライオンが喜六のすぐ近くに来ました。そのときライオンが喜六の耳にささやきました。
ライオン：「心配しないでください，私です。園長の長谷川です。」

1 アナウンスの発言の内容から，特別の催しとしてライオンとトラの間の戦いがあることがわかる。喜六の反応No way!「冗談じゃない！」より，「これに1日1万円では十分ではない」の「これ」はライオンとの戦いだと考えることができる。
2 closeは「すぐ近くに」という意味の副詞。come closerで「（もっと）すぐ近くに来る」という意味。
3 「ライオンはだれですか。」「長谷川です。」 ライオンの発言参照。

❺ 1 「（だんだん）〜になってきた」は，I'm getting〜.の形を使って表す。「興奮した，わくわくした」はexcited。
2 「〜におびえている」はbe scared of〜で表す。
3 「アヤは〜と言った」の部分はAya said (that) 〜と表す。「〜に行きたい」の部分は，that節の前の動詞（ここではsaid）に時制を一致させて，wanted to go to 〜とする。